LE CONTEMPLATIF.

LE CONTEMPLATIF,

OU

PENSÉES LIBRES

SUR LA MORALE,

LA POLITIQUE ET LA PHILOSOPHIE.

Par D. F. DONNANT,

Secrétaire de la Société Académique des Sciences de Paris, et membre de plusieurs autres Sociétés savantes et littéraires.

Est modus in rebus, sunt certi denique fines,
Quos ultra citraque nequit consistere rectum.

HORACE.

A PARIS,

Chez BATILLIOT jeune, Libraire, rue Haute Feuille, n° 34.

AN XI. (1803.)

DISCOURS

PRÉLIMINAIRE.

Quelle plume assez hardie osera entreprendre de faire l'éloge de la philosophie, dans un temps où cette bienfaitrice du genre humain, la source de toutes les grandes idées, le point central d'où partent et où se réunissent toutes les connaissances libérales, est en bute aux déclamations d'hommes nouveaux qui veulent élever leur réputation sur ses ruines? Croira-t-on un jour que la philosophie ait pu trouver, dans un siècle de lumières, un si grand nombre de détracteurs?

Non, n'en doutons pas, les écrits de ses ennemis ne subsisteront plus ; parce que le temps, qui ne conserve rien que le vrai, les aura plongés dans l'oubli. Mais comme parmi cette foule de Zoïles on rencontre quelques écrivains justement célèbres, qui n'ont pas laissé de donner quelqu'importance aux diatribes anti-philosophiques, c'est presqu'un mérite aujourd'hui que d'oser prendre le parti de la philosophie.

La plupart des disputes ne viennent que du défaut de s'entendre ; tout le monde en convient, et personne ne se corrige. Il suffirait souvent de bien définir les mots qu'on emploie, et de leur appliquer les idées qu'ils représentent pour terminer de longues discussions ; mais il y a dans la littérature, comme au Palais, des gens qui ne vivent que de chicane. Il importerait peu, sans doute, si leur subtilité n'entraînait des gens de bonne foi dans l'erreur ; si, en revenant sans cesse sur des élémens connus, ils ne suspendaient les progrès des lumières, et ne tendaient à faire rétrograder les connaissances. Oui, ces menées sourdes, ces débats littéraires, plutôt dignes du treizième siècle que du dix-neuvième, n'ont pour but que d'arrêter la marche de l'esprit humain. Ils méritent donc toute l'attention des amis de la vérité, et toute la sévérité des écrivains judicieux.

Ecoutons un instant l'homme le plus éloquent et un des plus grands penseurs qui aient jamais existé. Voici la définition que Cicéron nous donne de la philosophie : « Qu'y a-t-il de plus beau, » de plus desirable, que peut-» on concevoir de meilleur, de » plus digne de l'homme que la » sagesse (1)? C'est uniquement » ce que cherchent les philo-» sophes; et le mot même de phi-» losophie ne signifie autre chose » que l'amour et la recherche de » la sagesse. »

Voilà toute la philosophie : elle

_____

(1) *Lib. 2. De officiis*.

consiste dans la recherche du bien; la paix de l'ame étant le souverain bien de l'homme, la première étude du philosophe est donc de se connaître lui-même; et le premier pas à faire est de se débarasser de tous les préjugés, bons ou mauvais, qu'il a reçus, soit de son éducation primitive, soit des impressions populaires; ensuite de se munir du *doute savant*, qui fit de Descartes le premier homme de son siècle; examiner les divers effets des passions, les calculer, et enfin s'armer tellement contre leur tyrannie, qu'il puisse devenir leur maître et leur vainqueur. Voilà la principale route que prend celui qui étudie la philosophie, et quiconque en

suit une autre, n'est qu'un soi-
disant philosophe, un homme
vain, faux, ambitieux, et qui se
pare d'un nom qui ne lui appartient pas. Mais faut-il décrier une
chose belle, excellente en elle-
même, parce qu'il y a des hommes
qui nous donnent leurs idées
fausses, le résultat de leur lourde
compilation, souvent même leurs
opinions immorales, pour de la
philosophie qu'ils ne connaissent
pas, et qu'ils n'ont jamais étudiée?
Combien de gens, sous le man-
teau sacré de la religion, n'ont-
ils pas persécuté leurs semblables?
Combien d'autres ont emprunté
les dehors de la piété pour exercer
des actes de cruautés, que le fanatisme seul dictait? N'a-t-on pas

vu des tyrans qui ne parlaient que de liberté? des hommes avides de richesses prêcher une égalité chimérique? Ne confondons pas les vaines apparences avec la réalité; élevons la voix contre tous les faux philosophes; démasquons-les, chassons-les du temple; mais respectons la philosophie. Elle réprouve tous ces énergumènes de faction, ces coureurs de réputation qui, semblables à ce fou d'Ephèse, ne veulent que faire parler d'eux, même aux dépens du bien public. Je ne m'adresse pas ici aux fanatiques d'aucun parti; ceux-ci n'écoutent que les passions qui les animent, et se laissent entraîner au délire de leur imagination déréglée.

Tout esprit d'exagération nous rend sourds à la voix de la vérité ; il n'appartient qu'aux hommes éclairés, qui ont de l'énergie et des conceptions justes, de rejeter toute espèce de prévention, et de voir que malgré les abus du philosophisme, la véritable philosophie a fait plus de bien que ces mêmes abus n'ont fait de mal à la société.

Il est donc important de fonder la morale sur l'étude de la sagesse. Quelqu'évènement qu'éprouve un homme dans le cours de sa vie, les principes qu'il se sera formés sur cette base solide, seront toujours vrais, et lui serviront de guide dans les circonstances les plus difficiles; il les opposera aux efforts de ses passions; il les opposera aux préjugés nombreux de la société, qui tendent continuellement à égarer sa raison.

Je ne parle pas ici de cette philosophie hardie et féconde, qui développe les grands systêmes de l'univers, qui explique les secrets de la nature, qui semble être l'interprète de la Divinité auprès de l'homme. Je ne parle pas non plus de cette philosophie scholastique, dont le jargon obscur et insensé ne présente que des épines sans fruits, qui n'est propre qu'à exercer l'esprit aux sophismes, à remplir la tête de mots vides de sens, et à pervertir le jugement en l'appliquant

à résoudre des questions aussi
absurdes qu'inutiles.

Je parle de cette philosophie
douce, aimable, qui ne tend à
éclairer les hommes que pour les
rendre meilleurs ; dont le but est
de fonder une morale qui soit en
harmonie avec la nature et l'ordre
éternel de ce qui existe ; une philosophie qui fournisse à tous les
hommes des motifs suffisants d'être
justes et bons dans les différents
états et les diverses circonstances
de la vie.

C'est à cette étude là que
j'invite de s'appliquer tous les
hommes qui cherchent le bonheur ; c'est la seule qui puisse
remplir leur ame toute entière.
La philosophie dont je parle ici,

n'est l'ennemie d'aucune religion, d'aucune secte : elle les voit toutes d'un œil de bienveillance. Placée dans une sphère supérieure, elle applaudit aux moyens ingénieux que des hommes d'esprit ont trouvés pour la suppléer.

Les premiers philosophes se bornaient à des sentences et des maximes ; ils n'avaient pas de système lié, ni de corps de doctrine ; leur philosophie ne consistait que dans ce qu'on appelle l'onthologie, ou la morale. Ils développaient les préceptes qui devaient régler les mœurs, et prescrivaient les devoirs de la vie. Ce ne fut que par la suite qu'on y ajouta la dialectique, et enfin la physique et la métaphysique. Alors, elle fut resserrée en divers corps de doctrine ; chaque école créa un systême : les sophistes en détachèrent la logique, et tourmentèrent, à l'aide de cette partie, les sages et les moralistes ; ils usurpèrent eux-mêmes le nom de philosophes, et firent dire au peuple d'Athènes ce que dit aujourd'hui le peuple de Paris : « Que la philosophie n'est bonne à rien. »

Mais pour appuyer ce que j'avance ici, on me permettra de citer un auteur moderne, fort estimable, qui s'exprime ainsi : « Dès que Platon eut fait entendre aux Grecs qu'un philosophe était un homme qui possédait avec la science de la

» nature, l'art de bien vivre et
» de bien raisonner, ils vou-
» lurent tous être philosophes.
» La seule ville d'Athènes compta
» bientôt plusieurs écoles, où ses
» citoyens accouraient dans cette
» vue. Insensiblement, Pytha-
» gore et Socrate perdirent leur
» estime en perdant le mérite de
» la nouveauté ; alors, la phi-
» losophie qui devait, selon Ci-
» céron, éclairer l'esprit et régler
» le cœur, prenant toutes les
» formes qu'il plut aux hommes
» de lui donner, et suivant leurs
» différents intérêts et leurs di-
» verses passions, se vit étouffée
» par la multitude des sectes qui
» s'élevèrent, et qui ne tra-
» vaillèrent qu'à se détruire mu-
» tuellement. »

Ne croirait-on pas, en lisant ces réflexions judicieuses sur les Athéniens et sur leur inconstance, lire un article de nos journaux à la mode ? et peut-il exister une ressemblance plus parfaite entre deux peuples, que celle que l'on trouve entre les Athéniens du siècle de Platon, qui vivait 429 ans avant l'ère chrétienne, et les Parisiens du commencement du dix-neuvième siècle ? Même légèreté, même erreur dans le jugement, mêmes déclamations contre la philosophie ; confondant tous les deux, les philosophes avec les sophistes, ils trouvent plus simple de repousser les uns et les autres, que d'examiner et de distinguer les écrivains utiles des hommes dangereux.

Alors, à quoi sert d'écrire sur la morale, si le peuple, dans tous les siècles, dans tous les pays, reste toujours dans l'ignorance ? Il est certain qu'au premier apperçu, cette idée désolante vient accabler l'écrivain qui veut consacrer ses veilles à éclairer ses semblables ; mais quand il réfléchit que les vices sont toujours en activité, que le nombre des méchants va toujours croissant ; que le mal fait des progrès, et qu'il faut employer les mêmes soins pour qu'il n'emporte pas la balance sur le bien : alors, le moraliste redouble de zèle, bien convaincu que la multitude qui ne lit pas, et qui n'est jamais plus savante dans un siècle que dans un autre, se laisse néanmoins influencer et guider par ceux qui étudient, qui réfléchissent, qui écrivent en un mot.

C'est donc bien employer son temps que de s'occuper de la science importante des mœurs, toujours trop négligée : et si les lumières ne pénètrent pas jusques dans les parties les plus reculées de la société, au moins elles étendent leurs rayons bienfaisants sur une plus grande surface, et éclairent un plus grand nombre d'individus.

Il serait à souhaiter que les préceptes et les maximes de morale pussent se répandre avec autant de fa ilité que les écrits contre les mœurs, que la vanité et la cupidité prodiguent avec tant de profusion.

Bacon disait que les maximes éparses faisaient plus d'effet sur l'esprit, que l'arrangement le mieux combiné. En effet, si la méthode a le grand avantage de fournir les moyens de classer les idées et de les mettre par ordre dans la tête du lecteur, elle a le double inconvénient de forcer l'auteur de suivre ou de créer un systême, de rallier toutes ses idées à ce même systême, et de l'empêcher de se livrer à des pensées qui, quoiqu'utiles et bonnes en elles-mêmes, s'éloigneraient trop de son sujet principal.

Voilà ce qui m'a déterminé à publier mes observations et mes idées sur la morale et la philosophie, dans la forme de pensées et de maximes détachées.

Je n'ai eu d'autre prétention que celle de sonder la route qui mène à la vertu, bien convaincu que c'est celle qui conduit au bonheur; je m'estimerai heureux si je ne me suis point égaré dans mes recherches, et si ce faible essai peut être de quelqu'utilité à mes concitoyens.

LE

LE CONTEMPLATIF,

OU

PENSÉES LIBRES

SUR LA POLITIQUE,

LA MORALE ET LA PHILOSOPHIE.

LA sagesse est la pratique du bien ; la philosophie est l'amour de ce même bien. Un philosophe n'est pas toujours un sage ; mais un sage est toujours un philosophe.

———

La plupart des philosophes sont comme les maris qui ont de jolies femmes ; ils les aiment et savent les apprécier, mais cela n'empêche pas qu'ils ne leur fassent par fois infidélité.

———

Il y a cette différence entre le sage et le philosophe, que le premier n'a besoin que de son estime, tandis que le second recherche 'estime des autres.

———

A

Celui qui court après la fortune doit renoncer à la sagesse ; car il faut qu'il se prête à toutes les sottises de ceux qui courtisent cette divinité.

———

Il y a des hommes qui se bornent à remplir leurs devoirs , et qui laissent au hasard le soin de les mener à la fortune ; ceux-là ne s'en trouvent pas pis.

———

Les amertumes de la vie sont des filtres , au travers desquels les mœurs s'épurent.

———

Celui qui oserait écrire fidèlement l'usage qu'il fait de toutes les heures de sa vie , ne tarderait pas à faire un bon emploi de son temps.

———

Il y a des hommes qui n'écoutent aucun conseil ; ceux-là font souvent des fautes : mais on en voit d'autres qui suivent les conseils de tout le monde , et ceux-ci ne font que des sottises.

———

Toutes nos vertus naissent les unes des autres : leurs premiers parents sont l'amour de soi et l'amour de nos semblables.

———

Le plus beau triomphe de la philosophie, ce sont les injures que lui prodiguent la sottise, l'ignorance et les cagots.

———

Il y a des gens qui veulent faire tout mieux que les autres ; ce sont ordinairement ceux qui ne font rien de bien.

———

Pourquoi les auteurs qui écrivent sur les mœurs s'accordent-ils si peu dans la peinture qu'ils en font ? C'est que la plupart des écrivains, tandis qu'ils croient tracer le tableau des vices et des ridicules de l'espèce humaine, ne font que peindre les leurs propres, ou de ceux qui ont quelqu'analogie avec eux.

———

Les jeunes gens ne seraient pas si long-temps à faire leur chemin dans le monde, s'ils étaient aussi habiles à finir

A 2

qu'ils sont prompts à entreprendre. Un sage disait à son élève : apprenez de bonne-heure à terminer. Si la plupart des grandes entreprises restent imparfaites, c'est que les jeunes gens ne savent rien achever, et que dans la vieillesse on n'ose rien commencer.

———

Nous ne discutons que par comparaison ; nous ne concluons que par analogie. Tous les mots qui composent une langue morale, ne sont que des figures : si l'on convenait bien de leur valeur et du nombre des idées que chacun d'eux doit représenter, il n'y aurait plus de disputes interminables, et les tartufes et les sophistes n'auraient plus rien à faire.

———

Autant vaudrait-il soutenir qu'un homme peut vivre sans tête, que de dire qu'il y a eu des philosophes sans préjugés.

D'après cela, on ne me demandera pas, sans doute, si les autres hommes en sont exempts.

———

De même que l'eau prend le goût des couches sur lesquelles elle passe ; ainsi, l'homme se ressent toujours des circonstances et des évènemens qui ont accompagné sa jeunesse.

———

La base de la morale est cet adage si connu : Faites aux autres ce que vous voudriez qu'on vous fît. Le moyen de le pratiquer, c'est de commander à soi-même et aux choses ; et pour cela, il suffit de se rendre maître de ses habitudes.

———

C'est un grand art que celui de choisir des amis qui soient en état de nous aider de leur prudence et de leurs lumières ; c'est le moyen d'arriver à la sagesse par un chemin fleuri.

———

N'écoutons de nos ennemis que notre censure, et nous ne tarderons pas à nous appercevoir qu'on peut tirer un bon parti de ses ennemis mêmes. C'est ainsi que certaines plantes vénéneuses employées par des mains habiles, servent à rétablir la santé.

———

Le sot est fier dans la prospérité; l'homme d'esprit, au contraire, ne l'est que dans le malheur. Quand on est au-dessus des autres par sa fortune ou son état, c'est vanité et sottise que de le leur faire sentir; mais c'est force d'ame de montrer dans l'adversité qu'on ne s'évalue pas au poids de l'or.

———

Les individus à imagination vive, jouissent ou souffrent plus par réminiscence, que par ce qu'ils éprouvent actuellement. Leur vie est un roman; il semble qu'ils n'existent que dans le passé ou pour l'avenir; delà vient qu'ils sentent plus fortement et plus longuement que les autres, les peines et les plaisirs. De-là vient aussi qu'ils font si mal tout ce qu'ils font.

———

Il y a des gens qui donnent le bilan de leur conduite à toute heure du jour;

ce sont des êtres transparents comme le verre : aussi en ont-ils toute la fragilité.

———————

Nous nous comportons dans la jeunesse comme si nous n'avions que quelques années à vivre, prodiguant tout à la fois notre temps, nos jouissances et notre fortune. Ce n'est qu'en vieillissant que nous commençons à connaître la brièveté de la vie et le bon usage que nous aurions pu en faire. Alors, nous travaillons et nous amassons comme si nous ne devions jamais mourir. Plaisant contraste ! qui prouve que pour avoir une vie heureuse, il faudrait en avoir reçu au moins deux de la nature.

———————

La paresse est à l'esprit ce que la rouille est au fer ; elle le couvre de son enveloppe destructive, et ne le quitte qu'après l'avoir absorbé.

———————

La politesse, a dit un penseur célèbre, n'est qu'une fausse monnaie. Mais ne serait-il pas plus exact de la

A 4

comparer au papier-monnaie, que l'on ne prend que pour une valeur bien inférieure à celle qu'il représente.

————

Voulez-vous connaître les défauts et les vices les plus communs à un auteur? Examinez ceux qu'il décrit le mieux et qu'il peint avec le plus de chaleur; ce sont les siens.

————

Si on disait à un homme sensible qui court après la fortune, et qui vise à d'immenses richesses : songez que ce que vous aurez au-delà de votre nécessaire est autant de moins pour les autres; car il n'y a dans un Etat qu'une certaine quantité de richesses qui, réparties également sur tous, ne donneraient à chacun qu'une petite somme; je suis sûr qu'il rougirait d'être si avide, et que sa bourse s'ouvrirait plus souvent pour ceux dont il a la part.

————

Quand je vois un pauvre souffrant, hors d'état de travailler, qui vient me demander l'aumône; je la lui donne, non pas dans l'espoir que Dieu m'en récompensera, ce serait alors par intérêt; mais parce que je me dis: peut-être est-ce moi qui ai sa part.

———

Le bonheur est comme l'eau, commun à tous; dans les grandes villes, on le vend; au village, on le cherche soi-même, on ne l'achète de personne. Pour bien le goûter, il faut en user sobrement. La quantité affadit le cœur et le suffoque.

———

Il y a autant de différence entre l'homme philosophe et l'homme du peuple, qu'il y en a entre l'éléphant et le plus petit insecte. Il est donc impossible qu'ils puissent s'entendre l'un l'autre; ce n'est que par intermédiaire qu'ils peuvent se parler; et l'on sent combien leur langage, en passant par la bouche des interprètes, doit s'affaiblir et entraver les communications.

———

L'homme qui n'a point éprouvé de revers, est comme le marin qui n'a

A 5

encore vogué que sur une mer calme.
Le moindre orage peut lui faire perdre
la tête.

———

Les sots ont trouvé par leur or le
moyen de subjuguer et de tenir dans
l'esclavage les gens d'esprit destinés,
par la nature, à gouverner le reste des
hommes. Cela vient de ce que les premiers sont plus constants et plus durs au
travail, qui est la source des richesses.
Jamais leur imagination ne les porte
vers la contemplation; le chemin qu'ils
suivent est étroit, mais leur vue raccour-
cie ne leur laisse rien voir au-delà. Ils
avancent dans la route de la fortune sans
distraction; pour eux la nature est
muette; renfermés dans l'enveloppe des
sens, ils n'existent que pour les jouissances physiques; celles de l'ame leur
étant inconnues, ils ne les cherchent
point et ne sacrifient ni temps, ni peine
pour se les procurer. Ils sont donc tout
à l'or : et l'or est le tyran du monde.

———

Un homme d'esprit a fait un excellent

ouvrage que les meilleurs connaisseurs
jugent tout à fait neuf; mais qu'on ne
s'y trompe pas, ce sont des vérités bien
anciennes que l'auteur a su peindre à sa
manière. Je pourrais citer plus d'un
écrivain qui se sont rendus célèbres en
restaurant les tableaux de Montaigne.

———————

Que de mauvais poètes eussent été
d'excellents historiens! Que de penseurs
froids et faibles eussent été des conteurs
piquants! Le plus sûr moyen pour bien
écrire un jour, c'est d'essayer tous les
genres, mais de finir par se livrer tout
entier à un seul.

———————

L'amour d'une grande réputation est
la seule passion que l'on pardonne au
sage.

———————

Les grands auteurs ternissent souvent
leur réputation par le succès qu'ils ob-
tiennent dans les mauvaises causes dont
la vanité leur fait prendre la défense.

———————

Les livres insignifiants sont le résidu

des bons. Un méchant auteur dit ce que les grands écrivains ont négligé de dire, ou ont jugé plus convenable de taire.

———

Les ouvrages médiocres servent au progrès des lettres, comme l'engrais sert à la culture des terres.

———

Un auteur prend souvent pour une lueur de son génie, ce qui n'est qu'une réminiscence.

———

On devient érudit comme on devient serrurier ou procureur, à force de travail. C'est par erreur que l'on confond les érudits avec les gens d'esprit ou de génie ; ils n'ont presque rien de commun. Il y a des érudits qui ont publié des volumes *in-folio*, dans lesquels il n'y avait pas un mot de leur propre fonds ; on peut appeler ces gens-là des ouvriers littéraires.

———

Il y a deux sortes d'esprit, l'esprit naturel et l'esprit factice ou d'emprunt. Il faut les réunir tous deux pour être un grand écrivain ; voilà pourquoi ils sont en si petit nombre. La plupart des poètes et des littérateurs s'en tiennent au premier ; presque tous les savants n'ont que le dernier ; aussi les uns sont-ils trop légers, et les autres trop lourds pour aller loin.

———

La poésie doit sa naissance à l'amour ; la philosophie au malheur ; l'histoire à la vanité ; les romans aux bavards et au besoin ; la satyre à l'envie ; l'éloquence aux mauvaises causes ; les mathématiques à l'intérêt ; l'astronomie à la fainéantise ; l'art de la guerre à l'ambition ; la physique à la curiosité ; la politique à la mauvaise foi ; la religion à la reconnaissance, etc.

———

Si un homme promet de devenir au-dessus de l'ordinaire, ne le vantez pas trop ; car vous le mettrez dans l'impossibilité d'atteindre vos éloges.

———

Si un beau matin chaque homme se réveillait, portant sur son front la liste de ses défauts, Dieu! qu'on verrait d'étranges choses! Les forêts ne seraient pas assez grandes pour nous servir d'asyles. On se fuirait mutuellement; mais ce qu'on éviterait avec le plus grand soin, ce serait de se voir soi-même.

————

Il faut que notre ame s'épanche par quelque voie; quand elle s'abandonne à la parole, elle se livre peu à l'action : aussi les grands parleurs sont-ils petits faiseurs.

————

Tu es faible, dis-tu; tu vois le bien et tu ne peux le faire. La vertu te paraît préférable, mais le vice t'entraîne. Eh bien! entoures-toi d'amis sages; plastronne ton ame des maximes de la saine philosophie; ne vois que des gens meilleurs que toi, et tu ne tarderas pas à devenir bon. Tel est le caractère de l'homme faible; il fait le bien ou le mal par imitation; il n'est pas soi, mais tout ce qui l'approche dirige ses penchants.

et ses goûts. Tout dépend donc pour lui de ses alentours.

———

Ne me parlez pas de ces esprits hâtifs, qui veulent être profonds à vingt ans. Où l'on croit trouver du fonds, on ne trouve que du vide ; et ces cerveaux creux ne se remplissent jamais que de l'idée de leur perfection.

———

Un enthousiaste n'est jamais un profond penseur ; l'exagération est toujours l'étiquette d'un homme superficiel.

———

Il y a très-peu de choses dans le monde qui méritent l'admiration, quand elles ont passé au creuset de l'examen.

———

L'ame a ses cinq sens (si l'on peut s'exprimer ainsi), l'imagination, la pensée, la mémoire, le jugement et la raison. C'est la bonne organisation de ces cinq sens moraux qui fait les bons esprits ; c'est leur force et leur activité qui constituent le génie ; et en y réfléchissant, je crois qu'on trouvera qu'ils correspondent parfaitement avec les cinq sens physiques.

———

Pourquoi les révolutions n'avancent-elles en rien les progrès de l'art de gouverner? C'est qu'il ne suffit pas, pour exercer un état, d'en bien connaître la théorie, il faut encore en savoir faire l'application. Un homme peut très-bien disserter sur un art, tel que faisaient les encyclopédistes, sans pour cela le posséder; il en est de même de nos faiseurs de droits sociaux, ils n'entendaient rien à administrer, et la marche de la révolution, jusqu'au 18 brumaire, en est une preuve évidente.

———

Il y a des hommes qui sont grands par réflexion, quoique nés faibles de caractère; ces hommes-là feront de grandes choses, si leur rang les place tellement au-dessus de leurs semblables, qu'ils ne prennent conseil que d'eux-mêmes; mais s'ils sont environnés de flatteurs ou d'êtres corrompus, ils retomberont dans la classe des hommes ordinaires. Tant que Cicéron n'écouta que lui, il fut courageux et sublime; quand il prêta l'oreille à l'ambition, et qu'il suivit le conseil d'amis faibles, il devint timide et pusillanime. La peur et la soif des honneurs lui dictèrent l'oraison *pro Marcello*; mais ce fut son cœur qui lui inspira l'éloge de Caton.

La gloire est l'or des grandes ames; c'est la fortune du sage; et les gens qui feignent de la mépriser, n'agissent ainsi, que parce qu'ils ne se sentent point de force à en acquérir. C'est la ruse du renard. Il n'est personne qui n'aime la gloire; les uns la cherchent dans les grandes choses, les antres dans les petites; voilà toute la différence.

Si l'ignorance nous laissait dans un état d'inaction, telle que, nous ne connaissions ni les bonnes ni les mauvaises choses, elle ne serait pas aussi pernicieuse pour nous, qu'elle l'est;

mais il faut que notre esprit se remplisse : si nous n'y mettons des connaissances utiles, il se comblera de *fadaises :* voilà pourquoi les ignorants sont si insupportables, et quelquefois si dangereux.

———

Les grands chagrins ne font point pleurer, et les grands plaisirs ne font point rire. Il est des sensations qui semblent réservées pour l'ame, et qui traversent les sens sans les affecter.

———

Il y a des gens dont la vertu consiste en spéculation. Dans toutes les actions de leur vie, ils paraissent aussi étrangers à leur doctrine que s'ils ne l'avaient pas méditée, et qu'ils n'eussent pas même lu les ouvrages qu'ils ont faits.

———

A quoi tiennent les plus grandes découvertes ? A bien peu de choses, il faut en convenir. Les anciens connaissaient l'aimant ; ils savaient qu'il avait la propriété d'attirer le fer ; mais que conclure delà ? Rien. Aussi, n'ont-ils

pu tirer aucun parti de l'aimant. Si le
hasard eût voulu qu'un enfant portât
une lame de fer aimantée sur un pivot,
quelle découverte précieuse se faisait
à l'instant ! La navigation sortait de
son berceau, le commerce étendait ses
branches sur tous les points du globe ;
des peuples sauvages se civilisaient, des
terres inconnues devenaient des sources
de richesses. Ce faible morceau de fer,
en tournant vers les pôles du monde,
retirait comme du néant la moitié du
globe.

———

Nous rions des guerres des Croisades,
et nous plaignons nos pauvres ancêtres
de s'être fait tuer pour des chimères,
telles que la conquête de la Terre-Sainte
et de la ville de Dieu ; mais sommes-
nous plus raisonnables dans ce siècle de
lumières ? Et le Français qui quittait
en 1793 ses foyers, sa famille et ses travaux paisibles, pour détrôner tous les
rois et pour faire faire à la cocarde na-
tionale le tour du globe, était-il plus
éclairé, plus philosophe que celui qui

voulait conquérir la petite partie de l'Arabie où le Christ est mort?

Les grands génies conçoivent de grandes choses ; les esprits faibles les rêvent ; les hommes inquiets les cherchent ; les hommes courageux les exécutent.

Nous avons le germe de toutes les qualités et de tous les talens ; mais les circonstances n'en développent qu'un petit nombre. Notre première éducation détermine presque toujours ce à quoi nous serons propres.

Pour devenir un grand homme de guerre, il faut croire à la fatalité, et s'imaginer que sa dernière heure est marquée.

Quelques écrivains se sont vengés du peu de crédit qu'ils ont eu de leur vivant dans les affaires politiques, en laissant après leur mort des ouvrages qui ont servi de ferment à des guerres civiles.

On est bien prêt à s'amender, quand on est parvenu à reconnaître ses défauts dans le miroir de la réflexion.

———

L'élevation de l'ame produit l'élevation des manières; l'élevation des manières attire l'estime, et nous ouvre le chemin de la fortune.

———

Le bon ton est au mérite, ce que le poli est à l'acier.

———

Je doute que nous pardonnassions jamais aux autres le mal que nous nous faisons souvent à nous-mêmes.

———

Jamais la vertu n'a moins d'empire sur les cœurs, qu'après un bouleversement politique; les grandes émotions qu'on a éprouvées, ont usé les sentimens délicats qui font dans d'autres temps le charme de la société. Mais après une tourmente révolutionnaire, chacun exagère ses pertes, chacun exalte son mérite pour le mettre au niveau des nouvelles dignités qu'il a acquises, ou de

celles auxquelles il aspire; car, alors,
l'échelle sociale étant renversée, il n'est
personne qui ne se croie digne des plus
hauts emplois. Chacun se dissimule à
soi-même ses crimes, ses erreurs et plus
encore ses faiblesses.

———

Il n'y a qu'un très-petit nombre de
vérités essentielles à faire connaître;
mais il y a une infinité de moyens de
les graver dans le cœur de l'homme;
c'est à en trouver de nouveaux que les
écrivains, qui veulent être utiles, doivent
s'appliquer.

———

Si nous n'avions pas quelques ennemis pour nous dire nos vérités, nous ne
parviendrions jamais à nous connaître.
Nos amis s'aveuglent sur nos défauts,
et nos connaissances les dissimulent.
Aussi, voit-on presque toujours les
hommes à passions vives s'amender plus
facilement, parce qu'ils sont plus sujets
à se faire des ennemis.

———

Le desir de paraître plus que nous ne

sommes, nous empêche souvent de devenir ce que nous voulons paraître.

———

Que de mères de famille ne doivent la tranquillité et le bonheur domestique qu'à un mensonge indulgent ! c'est une preuve sans réplique que le mensonge peut être bon à quelque chose.

———

Il y a des individus qui sont pour leur santé, ce que les avares sont pour leur trésor ; ils seraient moins tourmentés s'ils étaient malades. Leur santé est un fardeau qui leur donne tant de peine à supporter, qu'ils ne peuvent guère la considérer comme un don du ciel. C'est faute de savoir apprécier les choses à leur juste valeur, qu'on se donne tant de mal pour bien se porter.

———

Les défauts de l'humeur sont plus difficiles à corriger que ceux de l'esprit ; c'est que les premiers tiennent à la constitution des individus, et que les autres sont le fruit des habitudes.

———

C'est un grand art que celui de se posséder assez pour ne montrer qu'autant d'esprit qu'il en faut pour plaire sans éblouir.

Aussi les gens qui veulent plaire dans la société s'attachent-ils à avoir plusieurs sortes d'esprit.

————

Ce qui empêche la plupart des gens d'esprit de s'avancer dans le monde, c'est qu'ils ne savent pas être bêtes à propos.

————

Personne de plus égoïste que les demi-philosophes.

————

Il est certains peuples qui ne voient jamais le mérite, ou les défauts de ceux qui les gouvernent, qu'au travers d'un microscope.

————

On prend souvent ses préjugés pour sa conscience, voilà pourquoi on y tient si fortement.

————

Voulez-vous savoir quand une nation tombe

tombe dans la décrépitude, c'est lorsqu'elle tourne les grandes choses en ridicules et qu'elle se livre à des fadaises.

Les demi-jours tuent les yeux; les demi-lumières tuent l'esprit. Rien de si sot et de si dangereux qu'un demi-savant.

Il y a des hommes qui deviennent grands tout à coup, sans qu'eux ni le public ne sachent comment. Leur grandeur ressemble à ces temples d'artifices qui charment et éblouissent un instant l'œil du spectateur, mais qui disparaissent bientôt par partie, et ne laissent que des traces de fumée.

Je défie le philosophe le plus austère de dire tout ce qu'il fait et tout ce qu'il pense sans rougir.

Les hommes mûrs avant la saison, sont comme les fruits hâtifs, sans saveur et sujets à se gâter.

B

On se plaît à parler de ce qu'on aime, voilà pourquoi tant de gens ne parlent que d'eux.

———

Je voudrais qu'il y eut des médecins pour les maladies morales, comme il y en a pour les maladies physiques; et je ne doute pas que cela n'arrive un jour : ces médecins-là seront bien plus utiles que ne l'ont jamais été les confesseurs.

———

Philosophes qui voulez étudier les hommes, allez vivre chez un peuple en révolution; chaque année vous vaudra un siècle des temps ordinaires. Là, vous verrez que les lumières, les sciences, les arts, n'ajoutent rien aux données de la masse; là, vous verrez la véritable philosophie tournée en ridicule, et le philosophisme usurpant ses droits; vous verrez les sciences et les arts employés à démoraliser le peuple. Ici, on se sert de la chimie pour altérer les monnaies; là, c'est la physique qui s'occupe à créer des fantômes; tantôt l'érudition prêche

l'athéisme; tantôt les romans font cir-
culer la corruption et les mauvaises
mœurs; ou bien c'est la peinture qui
souille son pinceau par des tableaux qui
font rougir la pudeur. Le sanctuaire des
lois n'est rempli que d'avides avocats qui
vendent leur éloquence aux riches dila-
pidateurs. L'intérêt domine tous les
cœurs, et l'or efface tous les crimes.

———

Les siècles passent sur la tête des
peuples, comme l'eau sur le sable des
fleuves, y laissant souvent un limon
impur, mais sans rien ajouter à ses qualités primitives.

———

L'homme prudent ne cherche point
à détruire ses passions; il sait que ses
efforts seraient inutiles, il tâche seulement d'en user le tranchant sur la
meule de l'expérience.

———

Les desirs immodérés troublent l'ame
et ne servent point nos desseins; il faut

être dans la vie comme au jeu : modeste quand on gagne , tranquille quand on perd ; compter un peu sur son bonheur , sans trop s'y reposer , et sur-tout ne pas se désespérer quand il passe à un autre ; plus on se dépite, plus on perd. L'ardeur que l'on recommande aux jeunes gens qui entrent dans le monde, consiste moins dans des efforts violents, que dans des efforts soutenus. Pour surprendre une fois la fortune , il faut long-temps la guéter.

———

Le temps et la réflexion, voilà les deux plus grands médecins de l'ame ; il n'est pas de chagrin qui puisse leur résister. Jeune homme, qu'une passion violente domine, quand un accès te prend, n'oppose à sa fureur que le mot de ce sage de l'antiquité : Demain, je céderai ; aujourd'hui, je veux réfléchir.

———

Voulons-nous parvenir à nous guérir des grandes passions qui nous tourmentent, essayons-nous sur les petites ;

et quand nous aurons réussi sur celles-ci, nous n'aurons pas de peine à aller plus loin. Il n'est personne qui ne soit parvenu à se corriger de quelques défauts. Eh bien ! rappelons-nous la marche que nous avons suivie, et suivons-la encore. Peu de vices résisteraient à une analyse bien faite.

Rien n'est plus propre à nous consoler des maux que notre imagination nous fait souffrir, que de songer que l'évènement qui nous a fait tant de peines, nous devient indifférent et quelquefois agréable quand il est passé.

Le vulgaire voit les opérations de la nature ; le philosophe les étudie et cherche à les deviner ; mais tous les deux sont également éloignés de savoir les causes premières.

La science ne sert donc qu'à nous apprendre combien nous sommes ignorants ; cependant, c'est beaucoup de savoir cela : car c'est de cette connaissance que découle la sagesse.

Les sens sont les sources de nos passions, et le cœur est le canal où elles circulent.

———

L'amour de la patrie est une passion qui distingue toujours une belle ame; les vertus lui servent d'aliment; elle résiste même à l'influence dangereuse du plus grand nombre des vices; mais l'intérêt et l'ambition en consument jusqu'aux racines.

———

On ne s'apperçoit guère qu'on a été heureux, que quand on a cessé de l'être; tandis que le malheur se fait sentir à tous les instans de la vie.

———

Si tous les hommes étaient justes et humains, y aurait-il des héros? Non; car il n'y aurait ni guerres, ni dissentions. Nous avons donc des vertus qui ne sont que le produit de nos vices? Sans doute : telles sont la clémence, l'héroïsme, la tolérance, etc.

———

Chaque siècle a ses préjugés, et il faudrait être plus qu'humain pour les

vaincre. En y réfléchissant beaucoup,
on en apperçoit quelques-uns; on peut
même dépasser son siècle de quelques
années; mais le plus habile ne saurait se
soustraire entièrement à son influence,
quelle qu'elle soit.

———

Avant d'attaquer les vices, il faut
s'assurer si l'on a trouvé le moyen d'en
couper les racines; autrement, on devient plus nuisible qu'utile; c'est en re-
muant la boue qu'on en fait sortir des
exhalaisons pestiférées. Que d'écrivains,
en prêchant mal-adroitement contre
certains vices, n'ont servi qu'à les propager !

———

Les êtres faibles pèsent leur estime
dans la balance de leur goût.

———

Il faut que l'estime croisse ou dé-
croisse; elle ne saurait rester dans une
parfaite stagnation.

———

Voulez-vous juger du caractère d'un
homme ? voyez-le jouer un jeu qui

B 4

l'intéresse; vous aurez bientôt une parfaite image de la conduite qu'il tient au jeu de la vie. C'est un commerce où il donne l'esquisse de toutes ses passions.

***

Les sots et les gens d'esprit ne parlent pas le même langage; ils se servent à la vérité des mêmes mots, mais ils ne leur donnent pas le même sens : voilà pourquoi ils s'entendent si peu et se font continuellement la guerre.

***

L'estime d'un sot a quelque chose de mortifiant pour un homme d'esprit; mais celle d'une bête s'accepte volontiers.

***

Les esprits légers badinent avec la vie, et parviennent à la vieillesse sans avoir commencé à vivre.

***

Quand on ne veut agir que par réflexion, on est souvent embarassé dans le monde, et on est très-sujet à commettre des fautes; il faut un peu se livrer à l'instinct et au tact. Il y a dans la vie une infinité de circonstances où l'on n'a pas le temps de réfléchir, et où il faut improviser ses actions ; voilà ce qui prouve encore la nécessité de prendre de bonnes habitudes.

Le talent de ceux qui gouvernent, n'est pas de détruire les vices (ce serait une chose impossible), mais de les placer comme les grands peintres placent les ombres dans leurs tableaux, de manière que, sans nuire à l'ensemble, ils servent à faire ressortir les vertus, en leur donnant plus d'éclat.

Les caractères tout à fait semblables se recherchent ; ceux qui sont entièrement opposés se recherchent encore ; mais les caractères qui sont compris dans l'espace intermédiaire ne se conviennent point et ne peuvent se souffrir. Voulez-vous prendre un ami, choisissez-le dans les deux premières classes.

Ce n'est pas tout d'exceller dans un art pour être un grand homme, il faut

encore que cet art soit utile à la société ;
autrement, on n'est qu'un homme rare,
et ce n'est pas beaucoup dire.

———————

Les esprits faibles disent tout ce qu'ils
font ; mais ils ne font pas tout ce qu'ils
disent ; car, à les entendre, peu de
choses leur sont impossibles.

———————

Il y a des gens qui ne sont jamais
eux-mêmes ; ils s'identifient avec les
sociétés où ils se trouvent, les individus
qu'ils fréquentent, les livres qu'ils lisent ;
ils ne pensent jamais d'après leurs propres
réflexions, et n'agissent que d'après
l'impulsion qu'ils reçoivent. Aussi ont-
ils des momens d'élevation et des momens d'avilissement, de grandeur et de
bassesse, de vertus et de vices, de courage et de lâcheté, de force et de faiblesse. Leur ame est de toutes pièces ;
ils sont pleins de pensées et de faits, ce
qui les rend par fois intéressants. Leur
tête ressemble au tonneau des Danaïdes ;
à mesure que de nouvelles idées y
entrent, les anciennes s'enfuient pour

n'y plus reparaître. Ces gens-là ne vont jamais loin sous aucun rapport; ils sont connus dans le monde sous le nom de caractères faibles.

———

Les progrès de l'esprit humain sont bornés comme tout ce qui existe dans la nature; quand les hommes sont parvenus à un certain degré de lumières, on les voit retomber dans les ténèbres, en cherchant à aller plus loin.

———

On déclame contre l'amour-propre, parce que les uns le confondent avec la vanité ou l'orgueil, et les autres avec l'égoïsme; mais l'amour-propre est aussi utile à notre existence, que l'air l'est à la vie. C'est quand l'amour-propre nous abandonne, que nous nous détruisons nous-mêmes.

———

Voltaire a fait un tort presque irréparable aux écrivains de son siècle, en leur inspirant la sotte manie de devenir comme lui des esprits universels, et d'écrire dans tous les genres.

———

B 6

Le paradoxe est à la vérité, ce que le fer est au caillou ; il fait jaillir des étincelles : le plus grand nombre en est perdu, mais quelques-unes produisent de grandes lumières.

————

Un esprit trop vaste est comme une vue trop forte, il voit trop d'objets à la fois pour bien voir ; ce n'est que lorsqu'il commence à se fixer qu'il peut bien distinguer chaque chose. Le temps et l'expérience lui servent d'abat-jour.

————

Les pensées profondes n'empruntent rien du style ; les expressions les plus simples sont celles qui leur conviennent le mieux.

————

Une fortune subite énerve l'ame, émousse l'esprit, trouble le jugement, et affadit le cœur ; heureux encore, si elle ne nous rend pas pour toujours durs, méchants et insociables !

————

Les richesses ont la propriété des eaux du fleuve Léthé, elles nous font oublier notre ancienne condition et nos anciens amis...........

————

Les guerres sont les plus grands fléaux de la liberté des nations ; les longues guerres finissent presque toujours par la ruine des peuples vaincus , et l'esclavage des peuples vainqueurs.

————

Il n'y a qu'un bien petit nombre de principes de morale qui soient communs à tous les peuples ; le reste varie suivant les nations, les lumières , le climat , les lois politiques , le temps et les opinions religieuses ; il est donc impossible de fonder une morale universelle.

————

Il y a deux sortes de mémoire bien distinctes , la mémoire des mots et la mémoire des faits ; la première est ordinairement le signe d'un esprit superficiel ; la seconde est le germe des grands talens. Celle-là forme les littérateurs et les érudits ; celle-ci crée les grands penseurs.

————

L'amour use le cœur, comme le travail use le corps, comme les longues méditations usent l'esprit; aussi les passions violentes ne durent-elles jamais long-temps.

————

C'est moins notre jugement que nos goûts qui entraînent notre amitié : voilà pourquoi nous l'accordons quelquefois, malgré nous, aux hommes les plus méprisables.

————

L'ame s'amolit dans le plaisir, comme la cire devant le feu; si l'on veut la façonner, il ne faut la tenir ni trop près, ni trop loin. Trop près, elle perdrait toute sa consistance ; trop loin, elle deviendrait intraitable par l'excès de sa dureté.

————

Les sots sont aux gens d'esprit, ce que sont les miopes aux vues longues ; ils savent qu'on peut voir plus loin qu'eux, mais ils ne savent pas le plaisir qu'on y trouve.

————

L'ambition est le vice favori des grandes ames ; son antidote est l'amour.

———

Un homme sans esprit peut avoir des amis ; mais un sot n'en a jamais.

———

On s'ennuie souvent dans la société d'un homme sans esprit ; mais on ne saurait rester long-temps à la compagnie d'un sot.

———

La calomnie est un des vices qui font le plus de ravage dans la société. Le calomniateur est un assassin moral, d'autant plus dangereux que les lois d'aucun pays ne sauraient l'atteindre. Il marche à l'ombre de la médisance, et se fait protéger par la malignité qu'il flatte ; personne n'échappe à ses traits empoisonnés. Si les maux qu'il fait dans la société sont lents, ils n'en sont que plus incurables. Semblables aux furies, il n'a pour jouissances que les tourmens de ses victimes ; les larmes et le sang qu'il fait verser, sont pour lui une rosée bienfaisante. Espérons qu'un

jour les hommes s'élèveront jusqu'à un
code moral, qui prononcera les peines
les plus sévères contre ces fléaux de
l'ordre social ; mais, en attendant,
c'est à l'opinion publique qu'il appartient de les flétrir du mépris réproba-
teur.

———

C'est une fausse et dangereuse ma-
xime que celle qui nous enseigne de
vivre *comme si nous étions près de
mourir*. L'homme qui veut devenir
sage, doit imiter les voyageurs qui en-
treprennent de faire le tour du monde,
et qui se persuadent qu'ils ne peuvent
mourir avant d'avoir terminé leur
voyage.

———

N'apprenez point à mourir, comme
l'ont dit quelques philosophes, la nature
en fait son affaire ; mais apprenez à
vivre, et songez que dans la vie il n'y
a, pour chaque homme, qu'un sentier
étroit qui le mène au bonheur ; c'est à le
découvrir que vous devez vous appli-

quer; la moitié des hommes font le
voyage sans le chercher, et les sept
huitièmes de l'autre moitié le cherchent
en vain.

———

La méditation est le fruit de la paresse
physique; il faut que le corps soit en
repos pour que l'ame agisse.

———

Les temps les plus souillés de crimes,
sont les plus féconds en vertus extraordinaires.

———

Je ne sais pourquoi on n'a pas fait
une classe distincte des hommes faibles;
pourquoi on ne dit pas : c'est un faible,
comme on dit, c'est un avare, un pro-
digue, un flatteur, un ambitieux, un
cruel, etc. La faiblesse n'est-elle pas
un vice tout aussi nuisible que ceux
que je viens de citer? Pourquoi donc
ne pas le signaler? Pourquoi? Parce
que c'est le vice de tout le monde.

———

Un homme d'esprit sans jugement,

est dans le monde comme un géant à qui il manquerait ce qu'il y a de plus nécessaire à la génération.

———

Le contentement est un signe presque infaillible de la vertu ; cependant les vices ont leurs heureux ; c'est là le côté faible de la morale. Ne pourrait-on pas dire que c'est qu'il y a des hommes qui habituent leur ame au remords, comme Mithridate avait accoutumé son estomac au poison ?

———

Il y a des auteurs qui ont l'art de reproduire une pensée sous tant de formes diverses, qu'ils parviennent à en faire un gros livre.

———

Le mérite est le vrai chemin de la gloire ; mais ce n'est pas le plus aisé, ni le plus court : aussi est-il peu fréquenté. L'intrigue, les complaisances, les cabales, les protections, les menées sourdes, le hasard même y conduisent

une foule de gens à qui l'autre chemin
est entièrement inconnu.

———

Un homme de génie fait-il une découverte ? un homme riche ou puissant lui donne son nom ; le véritable
auteur est bientôt oublié , et les siècles
qui suivent consacrent l'injustice. C'est
ainsi qu'Améric Vespuce a donné son
nom au Continent , découvert par
Christophe Colomb.

———

Les contrariétés sont au jugement ;
ce que l'étude et le travail sont à l'esprit ; ils l'aggrandissent et le rectifient.

———

Les indiscrets vantent sans cesse leur
franchise ; les taciturnes ne se croient
que graves et sérieux ; les esprits légers
parlent de leur gaîté ; les esprits creux
ont des prétentions à la profondeur ;
l'homme dur veut passer pour austère ;
l'homme faible se croit bon ; l'avare ne
parle qu'économie ; et l'ambitieux , qui
veut dominer, a toujours dans la bouche
les mots de liberté et de république ;

c'est ainsi que nous nous déguisons nos vices sous l'apparence des vertus.

———

Le bon goût est un tact qui nous vient de l'esprit; le jugement n'y a aucune part : aussi voit-on que les gens qui abondent en jugement, n'ont généralement point de goût.

———

Nous avons beau ne rencontrer que de faux amis dans le monde, notre amour-propre nous fait toujours croire que le dernier trouvé sera sincère.

———

La différence qu'il y a entre les qualités acquises et celles qu'on appelle naturelles, c'est que les premières sont le fruit des leçons et du travail, tandis que les autres sont le produit des circonstances, modifiées par notre organisation physique : ces dernières sont les plus solides.

———

Plus les siècles avancent, moins on trouve d'hommes originaux. Pour découvrir le véritable esprit d'un auteur de notre siècle, il faut relire ce qu'on a

déjà lu cent fois dans les meilleurs ouvrages des siècles précédents.

———

Les Français sont plus intéressés
qu'aucun autre peuple à ce que leurs
femmes aient l'esprit orné et le jugement sain........

———

Ce qui a indisposé beaucoup de bons
esprits contre la métaphysique, c'est le
nom et les fausses définitions qu'on en
a données pendant si long-temps; mais
à la bien considérer, la métaphysique
n'est qu'un instrument, une méthode
qui nous sert à acquérir toutes nos
connaissances et à les classer par ordre.
La métaphysique étend son empire sur
toutes les sciences et tous les arts. Les
langues, les métiers même, ont leur
métaphysique; il n'est pas d'homme,
quelqu'ignorant qu'il soit, qui n'en ait
une teinte. On peut donc la définir
ainsi : l'art de lier nos connaissances
de manière à en tirer des résultats. Je
voudrais qu'on changeât son nom et

qu'on l'appelât tout simplement *économie intellectuelle.*

———

La noblesse est une monnaie de l'ame
que les rois ont inventée pour épargner
leurs trésors ; mais elle a tellemeut été
prodiguée dans les deux derniers siècles,
qu'elle est tombée dans un discrédit
presque général en Europe.

———

Le mérite fait créer les distinctions,
et la sottise s'en empare ; voilà ce qui né-
cessite le renouvellement des différentes
espèces de noblesses tous les huit ou dix
siècles.

———

Quand les théâtres ne servent point
à épurer les mœurs , ils tendent nécessairement à les corrompre.

———

Nous aimons ordinairement les
hommes qui ont les mêmes défauts que
nous , quand ces défauts sont poussés
plus loin que les nôtres , et que nous
pouvons, sans crainte de nous critiquer
nous-mêmes , les blâmer à notre aise.

———

Les vertus ont leur mode comme toutes les autres choses ; quand la religion n'a plus été en vogue, la bienfaisance est devenue une fureur ; l'introduction de ce nouveau mot a fait délier plus d'une bourse.

———

Quelqu'esprit, et même on peut dire quelque génie que la nature donne à un individu, si l'éducation ou les circonstances ne le mettent pas à portée de les développer, il ne sera qu'un homme ordinaire. Que de Voltaires, que de Rousseaux sont morts ignorés au milieu des vastes forêts de l'Amérique !!

———

La considération que l'on a pour les riches, est un échange inventé par l'égoïsme contre les avantages que l'on reçoit ou que l'on attend d'eux.

———

La satyre est la partie honteuse de la littérature.

———

Le mensonge n'est pas toujours l'en-

seigne du crime; mais il est alors le type
de la faiblesse.

————

Les louanges distribuées avec modé-
ration au mérite, produisent le même
effet que la rosée du matin sur les
plantes. La flatterie peut être comparée
à ces pluies d'orage qui, loin de féconder le sol sur lequel elles tombent, entraînent et ravagent tout.

————

Il y a des hommes qui ont besoin de
vivre isolés pour être admirés; leurs
écrits, leurs actions, vus de loin, ont
beaucoup d'éclat; mais si l'on en approche pour les examiner, ils sont comme
les peintures à la fresque; tout paraît
chez eux gigantesque et hors les pro-
portions naturelles : voilà pourquoi tant
d'hommes étonnants, dans leurs ouvrages, sont si déplacés dans le monde.

————

Un esprit qui s'habitue à tout dé-
composer, ne se laissera jamais aller à
l'enthousiasme, et tombera rarement
dans l'erreur; l'analyse est comme le
creuset

creuset qui sépare l'or fin des matières hétérogènes qui l'enveloppent.

———

L'imagination est tantôt passive, tantôt active; elle est souvent l'une et l'autre, presque dans le même temps; car ce sont les sensations qui créent les idées : mais les idées naissent en même-temps que ces sensations nous arrivent, et à l'instant même nous pouvons les rendre. Si elles nous restent, nous en formons des jugemens; et en combinant ces pensées les unes avec les autres, nous faisons des raisonnemens. Cette série d'idées, de jugemens, de raisonne-mens compose les opérations de l'esprit; il s'ensuit que si les sensations habituelles que nous éprouvons sont agréables, nos idées le seront aussi, et, par la même raison, nos jugemens et nos raisonne-mens. Par exemple, un être qui serait placé dans une telle position, qu'il ne pût éprouver que des sensations douces et agréables, ne pourrait jamais avoir que des idées riantes et heureuses; car, si nous n'avions jamais éprouvé de

C

malheurs, ni vu de malheureux dans le monde, nous ne pourrions pas nous faire une idée de ce que signifient les mots malheur et malheureux. Il en est de même des vices et de la vertu : il ne faut donc pas s'étonner si la conduite et les jugemens des hommes sont si divers, et si les préjugés sont les tyrans de la multitude.

————

Il y a souvent plus de danger à faire la guerre aux préjugés qu'aux hommes; dans celle-ci on n'a que la mort à craindre ; dans celle-là, on encourt la haine et l'infamie de son siècle.

————

On se plaint de ne trouver que des amis froids ou faux ; mais on est trop prompt à les faire ; c'est moins la raison que l'on consulte, que quelques rapports de convenance, ou des motifs d'intérêt. Avant de placer sa confiance, il faudrait être à portée de juger du degré d'honnêteté de l'individu à qui on veut la donner. Voici une formule générale dont on pourra faire usage; je crois qu'on s'en trouvera bien.

Un homme est parfaitement honnête quand il remplit tous ses devoirs; et il l'est d'autant moins qu'il les néglige; ainsi, on peut établir cette proportion.

L'honnêteté de tel homme est à l'honnêteté qu'il devrait avoir, ou à l'honnêteté entière, comme ses actions sont à ses devoirs; donc s'il ne remplit que le tiers, la moitié, les deux tiers, les six huitièmes de ses devoirs, vous pouvez conclure, sans vous tromper, qu'il est du complément de ce nombre-là à la somme totale, moins honnête qu'il ne devrait l'être. Mesurez alors votre confiance sur cette donnée; elle sera infaillible, si votre jugement est sain et qu'aucune passion ne le dirige.

————

Les stoïciens établissaient pour principe fondamental de leur philosophie, qu'il fallait *suivre la nature*, c'est-à-dire, *la droite raison* : car disaient-ils, la nature est la raison de l'homme. C'est sur ce principe qu'un auteur célèbre moderne a bâsé toute sa philosophie ; mais ne serait-ce pas une erreur ? et les faits ne démentent-ils pas cette théorie ? La raison est un produit de la nature comme tout ce qui existe ; cependant la raison et la nature sont marquées par des caractères bien différents. Si l'on entend par la nature l'instinct, la raison le rectifie ; si l'on entend les appétits naturels, la raison les gouverne et les modère. La nature dans ces deux sens nous porte à suivre nos passions ; la raison nous instruit à nous en rendre maîtres ; la nature ne connaît aucun droit ni aucun frein ; la raison établit des bornes à nos desirs : donc la nature et la raison ne nous donnent pas les mêmes principes ; donc il faut écouter l'une de préférence à l'autre.

———

L'ordre est à nos actions ce que la symmétrie est à l'architecture ; il en fait tout l'ornement, et leur donne de l'éclat ; c'est un des signes extérieurs qui indiquent une ame bien organisée.

————

L'habitude de lire dans le cœur des hommes, désenchante de la société ; c'est ce qui rend les écrivains moralistes si sauvages.

————

Il est des époques où les bons écrivains font plus de bien à la société, que les mauvais n'y font de mal ; mais il en est d'autres où le contraire arrive.

————

L'espérance est la dernière compagne de l'homme ; elle ne le quitte qu'à la mort : et cependant telle est notre injustice, que nous ne lui savons gré de sa constance que quand tout nous abandonne dans la nature.

————

Les mathématiciens ont cet avantage sur les moralistes , que lorsqu'ils sont convenus d'un principe , on peut même dire d'une hypothèse (comme celles des lignes et des points) , ils ne le remettent plus en discussion : tandis que les moralistes en sont encore à disputer sur les premiers élémens de la morale. Aussi depuis Archimède, nous avons fait des progrès immenses dans les mathématiques ; mais à quoi ont servi nos savantes disputes sur la morale ? A en ébranler les premiers fondemens : depuis Aristote et Socrate, elle n'a pas fait un pas.

. Les beaux siècles de Périclès , d'Auguste et de Louis XIV ont-ils avancé la science la plus utile aux hommes, celle de la morale ? Non : il faut le dire à la honte de l'espèce humaine ; l'influence de ces siècles a été pernicieuse pour les mœurs et pour la liberté. Il suffit pour se convaincre de cette triste vérité, de lire l'histoire des temps qui ont suivi ces trois siècles. Serait-

ce que les lumières nuisent aux mœurs?
Non : mais les opinions exaltées de ces
temps-là , les recherches futiles , les
combinaisons oiseuses , les abstractions
philosophiques , la manie d'imprimer ,
les déclamations virulentes contre tout
ce qui existe , préparent les révolutions
en irritant toutes les passions destruc-
tives de l'ordre et de la subordination
sociales, et amènent ainsi la destruction
de la morale et la corruption des mœurs ,
et par suite la chute des empires.

————

Que peut-on attendre d'un jeune
homme qui , n'étant doué que d'une
faible portion de lumières, entre dans
une société qu'il trouve toute désorga-
nisée , où l'on combat ouvertement les
idées les plus saines et les principes les
plus sacrés parmi les nations ; où les
rangs sont abandonnés ; où il voit chacun se presser, se heurter , se renver-
ser même , pour arriver aux premiers
emplois ; où l'intrigue et l'ambition
remplacent toutes les vertus; où la pro-
bité et l'honneur ne servent qu'à ap-

C 4

pauvrir ; où la morale est traitée de chimère ; où toutes les opinions religieuses sont proscrites et honnies ; où enfin chacun ne semble reconnaître d'autre Dieu que la fortune et le hasard : que peut-on attendre, dis-je, d'un tel jeune homme ? Ne doit-il pas nécessairement être entraîné par le mauvais exemple et devenir aussi corrompu que tous ceux qui l'environnent ? Voilà comme les générations se pervertissent à la suite des révolutions ; voilà comme une société entière tombe insensiblement dans la dissolution , et retourne au point primitif d'où elle était partie. Comment croire après cela à la perfectibilité de l'esprit humain ?

L'homme est le seul animal qui connaisse et qui aime la liberté, et il est le seul qui reste toujours dans la dépendance. A peine est-il né , qu'il est enchaîné à ses parents par sa faiblesse et les soins qu'exige son éducation. Dans l'enfance, il est enchaîné par l'étude et

la soumission à des maîtres ; plus âgé,
il devient l'esclave de passions fougueuses ; dans l'âge viril, il est dépen-
dant d'une condition, d'un état, il est
retenu par ses enfants, dominé par les
soins rongeurs de l'ambition ; les infirmités lui arrivent avec la vieillesse et
le pressent de toutes parts ; accablé des
maux présents, poursuivi du souvenir
des maux passés, effrayé de l'avenir,
il meurt en répétant qu'il est le seul
animal né pour la liberté et le bonheur.

———

Le charlatanisme est un des défauts
les plus communs dans le monde. Depuis
les rois jusqu'aux bergers, tous les
hommes en font usage plus ou moins.
Le grand art ne consiste qu'à n'en
mettre que la dose nécessaire ; l'excès
éclipse nos actions comme une bruyante
musique étouffe la voix. Mais dans l'ordre des choses établi depuis long-temps,
sans un peu de charlatanisme nous res-
tons en arrière de nos égaux. Quoi !
direz-vous, les philosophes même y

ònt recours? Et pourquoi non ? Les connaîtriez - vous sans cela ? Croyez-moi , lecteur , examinez-vous un peu , vous en trouverez en vous-même ; mais il est subtile , prenez - y garde. Nous sommes tellement habitués à en faire usage , que nous nous en servons , même avec nous.

———————

Tel bravera les insultes d'un peuple émeuté , tel soutiendra avec courage les revers et la douleur , tel ne redoutera pas une foule d'ennemis le menaçant , tel ne pâlira pas à la vue d'une arme levée pour trancher le fil de ses jours, qui rougira du sourire moqueur d'une femme , qui se troublera d'un mot piquant , qui sera tout déconcerté d'une mauvaise plaisanterie. Ce disparate étonnant vient de ce que celui qui habitue son ame à supporter de grands chocs ne l'exerce pas à braver de petites contrariétés. Voilà pourquoi il y a tant d'hommes qui sont si grands au-dehors , et si petits chez eux.

———————

Un homme sans passions fortes ne sera jamais qu'un écrivain froid, et le plus souvent insipide. Aussi la plupart des auteurs célèbres ont-ils été ce qu'on appelle dans le monde, de mauvaises têtes. Ce n'est pas cependant qu'ils aient commis plus de fautes que les hommes vulgaires, mais c'est que leur conduite est plus remarquée, et qu'ils prennent moins de peine à déguiser leurs penchants.

———

Un grand homme est comme toutes les grandes choses, long à former. On peut encore le comparer à un arbre très-abondant en sève, et qui produit beaucoup de branches inutiles et parasites ; ce n'est qu'en les élaguant avec soin, qu'il donnera de beaux fruits.

———

L'homme qui n'a pas éprouvé de grands malheurs ne peut pas se dire philosophe ; c'est dans le creuset des revers que se trouve la véritable philosophie.

———

Les gens les plus attachés à la vie sont ceux qui la prodiguent avec le plus de facilité. Si l'on rapprochait tous les instans que les riches et les hommes de plaisir passent à dormir, à digérer, à s'ennuyer, à réparer les torts continuels qu'ils font à leur santé, à guéter de nouvelles jouissances, on serait étonné de voir qu'une vie de soixante années n'en a pas duré dix. Voilà pourquoi tant de gens meurent avant d'avoir quitté l'état de l'enfance.

———

La mort n'est rien pour le philosophe; il la voit approcher comme l'émigrant pressé par la misère voit avancer le vaisseau qui doit le porter sur une terre hospitalière, où il compte trouver l'aisance et le bonheur.

———

L'homme de génie qui a consacré son existence à éclairer ses semblables, ne fait en mourant que mettre le sceau à sa gloire. La tombe est pour lui le temple de l'immortalité.

———

Les gens inutiles ne semblent être
venus au monde que pour féconder,
après leur mort, la terre qui les a
nourris.

———

Jeunes gens, rappelez-vous à chaque
instant qu'il est honteux de ne pouvoir prouver l'étendue de sa vie que par
le nombre de ses années.

———

La plupart des gens qui ne vivent
que pour eux, ne vivent pour personne.

———

La vie de la plupart des hommes
de lettres ressemble à ces mers ora-
geuses sur lesquelles on ne rencontre
que de très-courts momens de calme,
mais qui offrent aux yeux du spectateur éloigné, l'aspect le plus beau et le
plus pompeux : faut-il être surpris si
tant de jeunes gens desirent y naviguer.

———

Les germes des talens sont un don de
la nature, mais leur développement est
un produit des circonstances. Voilà
pourquoi les plus grands écrivains doi-

vent être modestes ; car, sans les occa-
sions qui leur ont été fournies , ils
n'eussent été que des hommes ordinaires.
Aussi quand je rencontre un homme
de génie dans les basses classes de la
société , je lui parle avec un certain
respect ; peut-être , me dis-je , est-ce
un Racine ou un Buffon que le sort
injuste n'a pas voulu découvrir. C'est
ainsi que dans les mines de Golconde,
on prend soin de tout ce qui ressemble
au diamant.

———

Une des plus belles et des plus grandes
idées que je connaisse, est celle de récom-
penser les travaux du génie et des
sciences , par les mêmes honneurs qui
sont décernés aux talens militaires.

———

Les génies extraordinaires ont aussi
peu de véritables amis qu'ils ont d'égaux.

———

Les grands talens sont comme les
astres ; on admire leur éclat ; on jouit
de leurs lumières ; on s'échauffe à leur

feu : mais on redoute leur approche, parce qu'ils éclipsent par leurs rayons tout ce qui les environne.

———

La renommée est la maîtresse et le tyran du monde, c'est elle qui a créé les premiers grands de la terre ; et on la voit encore tous les jours distribuer des empires ; c'est une coquette qu'il faut plutôt brusquer que chercher à séduire. Elle est peu sensible à la modestie ; et parmi la foule d'adorateurs dont elle est environnée, ceux à qui elle accorde ses faveurs sont les plus hardis et les plus bruyants : il est rare que les amants timides réussissent auprès d'elle.

———

Les livres de morale sont des amis complaisants qui prennent le temps qui nous convient pour nous donner des conseils, et qui ne nous disent jamais que ce que nous voulons bien entendre.

———

La manie de faire des livres est devenue une épidémie en France; ce n'est que lorsque nous en serons guéris, que nous pourrons espérer voir paraître quelques bons ouvrages. Aujourd'hui, les meilleurs auteurs travaillent trop vîte pour rien faire de durable; tant qu'on croira sa gloire intéressée à produire un grand nombre de volumes, il ne faut pas compter sur des ouvrages immortels.

————

Il y a trois passions qui se disputent le cœur de tous les hommes, et auxquelles se rapportent toutes les autres : c'est l'amour, l'ambition et l'avarice. Quand ce triumvirat se partage la première moitié de notre vie, il gouverne en tyran l'autre moitié.

————

Ce n'est ni l'esprit, ni le jugement qui forment notre caractère; ce sont les évènemens de tous les jours : voilà pourquoi il n'y a que les vrais philosophes et les gens légers qui soient d'une humeur également gaie.

————

Il y a des gens qui sacrifient tout leur esprit à n'avoir que du jug ment; s'ils perdent du côté de la gloire, ils gagnent du côté du bonheur; et l'un vaut bien l'autre.

———

La vanité nous fait cacher nos défauts; mais l'orgueil fait plus, il nous les fait vaincre.

———

Il n'y a personne qui ne croie avoir plus à se plaindre de la fortune, que ceux qui en ont le moins besoin, c'est-à-dire, les avares.

———

C'est presque toujours dans la recherche de la volupté que nous trouvons les peines; c'est ainsi qu'en voulant cueillir la rose, nous nous embarassons souvent dans les épines.

———

Les desirs ardents et déréglés de la jeunesse, sont comme les vents brûlants du midi, qui dessèchent toutes les plantes sur lesquelles ils passent.

———

Quand l'amour-propre ne trouve pas à se nourrir des vertus présentes, il se soutient de l'espérance des vertus à venir.

La modestie dans les autres ne nous plaît tant, que parce qu'elle donne beau jeu à notre amour-propre.

La haine est un sentiment pénible qui nourrit l'ame d'amertume, et décolore toutes nos jouissances.

La véritable amitié est un sentiment si pur, qu'elle n'entre jamais que dans des ames innocentes. Les amitiés de société sont comme les fruits artificiels ; elles ne peuvent servir que d'ornement.

Les ames sensibles sont si ingénieuses à se tourmenter, qu'elles conservent toujours quelques souvenirs amers pour s'alimenter, lorsque le présent et l'avenir leur refusent des idées noires.

La sensibilité est le rocher de Prométhée ; la susceptibilité est son vautour.

La politesse a cela de dangereux, qu'elle nous dispense souvent à nos yeux et à ceux des autres, d'avoir les vertus dont elle nous donne le vernis.

———

Il y a des gens qui n'ont d'autre talent que celui de faire valoir les qualités des autres, et ils avancent dans le monde avec un mérite aussi médiocre, parce que ce talent donne la clef des cœurs.

———

La foi fait la consolation des ames vulgaires; la philosophie celle des bons esprits.

———

La philosophie et la religion mènent également à la pratique des bonnes mœurs et au culte des vertus; les hommes dont vous ne pourrez faire des philosophes, soit que l'étoffe manque, soit que les circonstances s'y opposent, faites-en des hommes religieux; mais gardez-les sur-tout du fanatisme ou de l'athéisme : l'homme ne peut être sage que placé entre ces deux extrêmes.

———

Assimiler les philosophes aux énergumènes révolutionnaires, c'est comparer le feu salutaire d'un foyer à l'incendie qui ravage et détruit tout. Faut-il se priver de l'usage du premier pour se garantir des fureurs du second? Non, sans doute, il suffit de s'en servir avec précaution.

———

Le corps est le vêtement de l'ame; pour beaucoup de gens, c'est la robe dont Médée fit présent à Créüse.

———

Il y a des gens qui sont au moral, comme d'autres sont au physique, d'un tempéramment extrêmement délicat; le moindre excès, la passion la plus légère suffit pour les déranger; il faut bien des soins, bien du temps pour remettre leur ame en équilibre; il arrive même souvent qu'elle ne recouvre ja-

mais sa tranquillité première. Ces indi-
vidus-là n'ont qu'un moyen de passer
au travers de la vie sans encourir de
dangers ; c'est de s'appliquer à bien
connaître la constitution de leur ame et
de la tenir au régime des passions
qu'elle est en état de commander.

La vengeance est la justice de la
nature ; le pardon des offenses est le
triomphe de la raison humaine ; mais
leur oubli est un acte de législation
divine.

La plupart des tableaux ne doivent
être vus qu'à une distance au-delà ou en-
deçà de laquelle on ne saurait les bien
juger ; il en est de même des ouvrages
de littérature, il faut être dans une certaine disposition d'esprit, hors de laquelle on ne les entend pas ; voilà pourquoi il y a des jugemens si divers sur les
mêmes ouvrages.

Le vice le plus difficile à détruire, c'est la faiblesse ; parce qu'il n'en est aucun plus adroit pour saisir toutes les formes de la vertu. S'alliant tour-à-tour avec toutes nos qualités, il se réfugie sous leur égide, et il échappe ainsi à nos recherches ; c'est un Protée qui nous séduit en nous trompant.

Ce qui empêche souvent les philosophe d'être aussi sages dans leurs actions, qu'ils le sont dans leurs ouvrages, ce sont les circonstances et les évènemens qui, se succédant avec rapidité, ne leur laissent ni le temps de les prévoir, ni celui de les calculer. Obligés d'agir promptement, ils suivent l'impulsion de l'instinct que la nature a donné à tous les hommes, et rentrent ainsi dans la route frayée ; on ne peut s'attendre à les trouver supérieurs que lorsqu'ils sont à portée d'appeler la méditation à leur secours.

L'humeur de l'homme est le thermomètre infaillible de son ame. Celui dont l'ame est grande et forte sera toujours d'une humeur égale ; une humeur chancelante décèle un esprit faible. Les femmes ont généralement l'humeur inégale, et la Bruyère a dit pourquoi.

———

Tout le jugement des êtres sensibles est dans le cœur ; voilà pourquoi ils passent si souvent pour de mauvaises têtes.

———

Un aveugle qui recouvre la lumière, est moins touché du spectacle de la nature, que ne l'est un génie élevé des premiers rayons de la gloire.

———

L'homme inutile sur la terre est un hors d'œuvre de la nature.

———

L'estime que nous montrons pour quelqu'un, vient du sentiment intérieur que nous avons de son mérite ;

souvent on estime une personne pour s'exempter de l'aimer ; cette espèce d'hommage rendu à la vertu ou aux talents, est une dette que l'usage acquitte aux dépens de l'amour-propre, mais dans laquelle le cœur n'a aucune part.

———

La comédie de Figaro n'a eu un succès aussi grand, à l'époque où elle a été représentée, que parce qu'elle traduisait en langue vulgaire les sophismes de quelques écrivains célèbres de ces temps-là ; la cour et la reine, en la protégeant et en l'applaudissant, ont été prises pour dupes.

———

Qui peut se dissimuler que nous devons plus aux circonstances ce que nous sommes, qu'à ce que la nature a fait pour nous ? Supposons B......., né soixante ans plus tôt, il serait resté, avec ses grands talens, simple capitaine d'artillerie ; les dispositions extraordinaires, qu'il a si heureusement développées

pées , seraient demeurées ensevelies dans l'ombre d'une vie obscure; à peine son nom eût-il été connu par quelques ouvrages sur son arme, ou quelques faits mémorables. Supposons Voltaire né dans la classe indigente des habitants de la campagne : tout le bien et tout le mal qu'il a fait n'auraient jamais eu lieu, et son nom serait resté ignoré. Si une reine de Castille n'eût pas protégé Christophe Colomb , l'Amérique ne serait encore peuplée que de sauvages; et les savants prouveraient, par les raisonnemens les mieux faits, qu'il ne peut exister une quatrième partie du monde. On pourrait multiplier les exemples à l'infini; mais ceux-ci suffisent pour nous porter à nous estimer les uns les autres : et en effet, il est bien peu d'hommes qui ne renferment en eux-mêmes les germes de quelque grandeur. Nous ressemblons au caillou , qui recèle dans son sein un feu qui ne sort que par un grand choc.

———

D

La vie est un présent de la nature, que nous nous dédaignons souvent, faute d'avoir appris à nous en servir.

———

Que d'hommes passent la moitié de leur vie à chercher les moyens de perdre impunément l'autre moitié !

———

La vie du méchant est une tache à la nature.

———

Trop de sciences nous privent de toutes nos forces mentales; les profonds érudits sont tellement imprégnés de l'esprit des autres, qu'il ne leur reste rien du leur propre ; ce sont des dictionnaires ambulants, où tout est pêle-mêle.

———

Les agrémens du corps, et les qualités de l'esprit, ne servent que trop souvent de passe-ports aux défauts du cœur.

———

Vanter les vertus qu'on a, c'est appeler l'attention des autres sur celles qui nous manquent.

———

Il y a deux moyens pour être riche et indépendant sur la terre; le premier, c'est de travailler à accroître sa fortune: ce n'est pas le plus aisé, quoique ce soit le plus recherché. Le second consiste à diminuer ses besoins; ce dernier moyen est le plus négligé, quoiqu'il soit à la portée de tout le monde.

———

Il n'y a pas de qualités qui nous rendent plus difficiles à vivre dans la société, que la pénétration.

———

Les gens sensuels font de leur corps le tombeau de leur esprit.

———

Pendant les discordes civiles, le sage n'a qu'un parti à prendre: c'est celui de

D 2

garder le silence. C'est ainsi que, quand
les vents déchaînés bouleversent les
mers, le pilote habile cargue ses voiles,
et attend le calme pour reprendre sa
route.

———

Un peuple dans l'esclavage, ressemble
à une eau stagnante ; la moindre agi-
tation en fait sortir des exhalaisons
pestiférées, qui portent la mort au loin.

———

L'exemple des autres est la loi des
esprits paresseux.

———

L'usage est un despote qui n'a d'empire que sur les cœurs faibles.

———

Si nous avions un écho qui nous ré-
pétât fidèlement toutes nos paroles,
nous aurions si souvent à rougir des
futilités qui nous occupent , qu'en
peu de temps nous deviendrions plus
silencieux, et moins légers.

———

Les larmes de la sensibilité sont comme les pleurs de la rosée; elles nourrissent et fertilisent le sol sur lequel elles tombent.

———

Il y a des écrivains qui mettent toute leur sagesse dans leurs écrits, et qui ne conservent pour leur vie privée que la folie et les sottises.

———

Une révolution politique, confiée à des mains inhabiles, est comme le char du soleil, conduit par Phaëton; elle embrâse tout le pays sur lequel elle passe, et y dessèche les canaux de l'industrie.

———

Celui qui veut mener une vie irréprochable, n'a qu'une chose à faire: c'est de composer sa conduite sous la dictée de sa conscience.

———

Le trajet de la vie paraît bien long

D 3

et bien ennuyeux à quiconque entreprend de le faire tout seul depuis la sortie de l'enfance jusqu'à l'entrée de la tombe.

———

L'amour sème de fleurs le chemin de la vie ; mais l'amitié y répand un ombrage frais, sous lequel nous trouvons la paix et le repos de l'ame ; l'un et l'autre sont donc nécessaires pour rendre notre voyage agréable.

———

Dans une république bien gouvernée, la voie doit être ouverte à quiconque veut s'avancer aux honneurs et aux dignités par des travaux utiles, des faits mémorables ou des actions glorieuses ; mais elle doit être fermée à ceux qui n'emploient, pour y parvenir, que la brigue, les cabales et la flatterie.

———

C'est par l'étude de ses devoirs, que l'homme doit apprendre à connaître ses droits. ———

Un peuple en révolution, est comme un enfant en colère; le plus souvent il tourne ses accès de fureur contre lui-même.

———

Le politique est la seule science que les rois n'abandonneront jamais aux philosophes.

———

Une religion sage et imposante est utile chez un peuple nombreux; parce qu'elle pénètre où les lois ne peuvent atteindre. La religion et la conscience ont plus empêché de crimes que toutes les lois de l'univers.

———

Il y a autant de mauvaise-foi de confondre la véritable piété avec le cagotisme, qu'il y en a de prétendre que le philosophisme à la mode, a quelque chose de commun avec la vraie philosophie.

———

Après une grande révolution, la

D 4

liberté du peuple dépend plus de la sagesse et de la fermeté des magistrats qui le gouvernent, que de l'excellence de ses lois.

———

La vertu, sans le talent de la faire valoir, est un diamant dans un écrin.

———

Les jeunes gens, avec leurs défauts, font de plus grandes choses, que les vieillards avec toute leur prudence.

———

Beaucoup de gens regardent comme de la franchise, le besoin de médire.

———

La satyre ne plaît tant aux ignorants, que parce qu'elle tend à rabaisser les hommes supérieurs au niveau du vulgaire.

———

Les écrivains satyriques sont à la littérature, ce que les corrosifs sont à la médecine; il faut les employer avec précaution, si l'on ne veut pas qu'ils détruisent au lieu de servir.

———

Je suis toujours étonné comment les philosophes pyrrhoniens ont pu avoir des disciples qui les écoutassent long-temps. Une fois leurs principes de pyrrhonisme établis, on ne devait plus vouloir entendre des préceptes incertains, débités sur des choses incertaines. D'ailleurs, quel avantage pouvait-on retirer d'une philosophie qui enseignait à douter de tout, et dont la conséquence était, qu'il n'y a rien de bien, ni de mal; rien de faux, ni de vrai? S'il en était ainsi, il n'y aurait plus de devoirs; idée affligeante et désorganisatrice, et que le bon sens repousse.

———

On connaît plus facilement ses défauts que ses vices; aussi parvient-on quelquefois à se corriger des premiers, mais jamais des seconds.

———

D 5

Dans les plus grands revers, nous devons rendre grace à la Providence d'une chose : c'est de ce que notre imagination est toujours la dupe de nos espérances.

———

La trahison est une invention infernale des esprits faibles ; les hommes courageux combattent ouvertement leurs ennemis, mais ils ne les trahissent jamais.

———

Les gens de lettres ne sont aimés dans la société, qu'autant qu'ils se condamnent à cacher leur supériorité, et à ne montrer leur esprit que dans leurs ouvrages.

———

La modestie n'est une vertu si recommandable dans le monde, que parce qu'elle sert de voile au génie.

———

L'amitié est comme le bonheur ;

tout le monde en parle, mais personne
ne la connaît bien.

La figure, la démarche et les habitudes du corps sont autant de transparents au travers lesquels on apperçoit
l'ame à découvert.

Les grands traits annoncent presque
toujours de l'énergie et de la force dans
le caractère; tandis que les petits
traits sont ordinairement le type du
contraire.

Les figures courtes, qu'on nomme
vulgairement figures chiffonées, sont
le signe de l'esprit, et l'enseigne d'un
mauvais caractère.

Il n'y a pas de meilleurs gens que les
porteurs de figures dont toutes les formes

D 6

se recourbent, les faces rebondies, les nez courts et formant un petit crochet relevé à l'extrémité.

Le nez droit, la bouche pincée, le menton pointu, le front moyen, la peau sèche, le teint blanchâtre, dénote ordinairement des individus très-difficiles à vivre, exigeants et impérieux.

Le front large, haut et décrivant un arc de cercle, les cheveux rares sur la tête (sans cause extraordinaire), les yeux grands et bombés, sont des types presqu'infaillibles de génie et de tournures d'esprit solide.

Les têtes chauves, mais dont le crâne applati forme un carré avec les côtés et le derrière de la tête, les pommètes des joues saillantes, les yeux ternes, gris ou bleus-pâles, un peu alongés sur les côtés, annoncent de la stupidité ou au moins de la bêtise.

Le front bas et très-peu bombé, le nez peu saillant, la bouche formant une ligne droite horizontale, le menton court, les cheveux très-fournis, les tempes étroites, sont l'enseigne d'un esprit médiocre et d'un caractère froid et insouciant.

Les yeux petits et enfoncés, le nez formant un angle presque droit avec la partie supérieure de la tête, le menton aigu, le front se dessinant régulièrement, les cheveux épais, forts et bien noirs; le reste des traits assez réguliers, mais petits; la stature moyenne, la démarche vive, les habitudes du corps variées, sont généralement les signes caractéristiques qui distinguent les gens durs, âpres et d'humeur inégale.

Un grand caractère, un esprit pro-fond, se reconnaît par un teint bilieux, une tête un peu penchée sur l'avant, et bien séparée des épaules, les yeux grands, creux, vifs et noirs, le nez long, l'en-semble des traits aigus, les joues creuses, le front haut, les tempes larges, une protubérance très-sensible un peu au-dessus de la nuque du cou et la cour-bure du crâne formant un demi-cercle bien régulier.

Les gens violents se reconnaissent à des sourcils épais, un front carré pres-que toujours chargé de rides, des yeux vifs, mais très-vacillants, un nez un peu écrasé du haut, les narines larges, les lèvres un peu en avant, les cheveux durs et très-épais, le teint chargé en couleurs, la démarche précipitée, et les mouvemens forts et rapides.

Voulez-vous reconnaître une per-sonne rusée ? remarquez tous ses traits ;

ils sont fins, les extrémités se terminent
en pointes aiguës, ses yeux sont ronds
et tirent un peu sur le vert; sa tête est
petite, mais parfaitement ronde; son
front est régulier, quoiqu'un peu bas;
sa bouche est petite et semble rentrer;
ses cheveux sont déliés, minces et peu
abondants; sa démarche est modérée, et
les mouvemens de son corps sont multi-
pliés, mais adroits et légers.

———

Un caractère hypocrite se distingue
facilement à un teint pâle, des yeux
enfoncés; la tête couchée sur la gauche;
on ne lui voit presque jamais le blanc
des yeux; il a le nez long, droit et un
peu incliné vers le côté gauche, les narines fortement recroquevillées en de-
dans, le front large, mais plat, la
démarche compassée et les mouvemens
du corps lents et traînants.

———

Une petite tête, un front bas, des
yeux bien noirs et très-roulants, le nez

petit et relevé en crochet, les narines évasées et applaties, la bouche grande, le menton un peu long, les cheveux fins et clairs, une démarche leste, aisée, les habitudes du corps très-variées, sont l'annonce d'un caractère gai, enjoué, de ce qu'on appelle en général une personne sans soucis.

———

L'homme inquiet, sombre, soucieux, que l'envie tourmente, se reconnaît assez facilement aux traits suivants : Un front d'une moyenne grandeur, presque perpendiculaire, une tête plus large sur l'avant que sur l'arrière, les deux yeux inclinés l'un vers l'autre et peu séparés, le haut du nez peu saillant et froncé, les sourcils épais, les paupières ridées vers le côté des tempes, le nez gros, droit et long, le menton assez régulier et formant un peu la coquille sur l'avant, la barbe épaisse et tirant sur le bleu, le teint jaunâtre, approchant de l'olive, les cheveux durs, forts et crépus.

———

Les gens à imagination vive, tels que les poètes ou les écrivains éloquents, se remarquent par un front large, haut, très-dégagé près des tempes, incliné en arrière, les yeux grands, bien ouverts, vifs et noirs, les sourcils bien arqués, les paupières fléxibles et unies, le teint animé, le passage du nez, au front, saillant, le nez long et un peu bosselé vers le milieu, la bouche régulière, lés lèvres roses et épaisses, le menton pointu, le cou très-dégagé, les épaules un peu basses, les mouvemens rapides et précipités et les habitudes du corps vivés et irrégulières.

———

Araminthe a été belle, mais elle ne veut pas croire qu'elle ne l'est plus; ses yeux sont spirituels, mais son humeur chagrine, sa conversation amère et ses traits altérés annoncent une douleur cachée. Elle ne vante que les femmes de son temps; il semble, à l'entendre, que la nature se soit épuisée il y a vingt ans, et qu'elle ne crée aujourd'hui que des visages ordinaires ; elle ne conçoit pas comment on peut mettre de prix à l'amour naturel, qu'elle appelle amour physique ; le dieu qu'elle sert aujourd'hui est bien au-dessus du fils de Cythérée, c'est l'amour platonique. Ce charme inconnu de l'ame, qui n'est réservé qu'aux esprits supérieurs, la tient toute entière enchaînée sous ses lois ! Elle voudrait voir toutes les femmes l'imiter, et l'on devine pourquoi. L'esprit, dit-elle sans cesse, ne vieillit point, il se nourrit du passé, et s'embellit en avançant ; on n'existe que par l'ame, on ne devrait donc vivre que pour elle. Sa morale amuse, mais ne séduit personne : aussi, Araminthe est-elle encore à trouver l'amant idéal qu'elle cherche, et voilà ce qui la rend si triste.

———

Le Virginien (1) est fier, il aime

_____

(1) L'habitant de la Virginie. La Virginie est un des seize Etats-Unis d'Amérique, et l'un des plus considérables.

beaucoup la dépense, mais il paie le plus rarement qu'il peut. Assis négligemment sur une chaise longue, il vante sa chasse, compte ses chevaux, vous dit combien il a acheté et vendu de nègres dans son année; il va faire bâtir une maison de plaisance, il attend seulement la fin d'un de ses procès; il a une femme aimable, dit-il, mais il ne donnerait pas son jeune poulain pour deux cents guinées, quoique souvent il n'en ait pas une à son service : c'est qu'il est sûr qu'il lui suffit pour réparer les pertes qu'il a faites dans les dernières courses. Il a cependant beaucoup de terres à vendre, dans le Kentukey, à votre service. Si par hasard vous voulez voir les contrats, ils sont encore au bureau de la guerre, faute d'argent pour les retirer. Il parle beaucoup de la liberté de sa patrie, à laquelle il n'a pas, dit-il, contribué pour peu. En un mot, c'est un homme vain et pauvre, républicain au-dehors, tyran chez lui, superstitieux, adonné à tous les plaisirs avec excès, mangeant ses revenus avant de les recevoir; il se contentera volontiers de deux chemises, pourvu qu'il ait un petit phaéton; si-tôt que son wisky (1) est fait, il est au service de tous ses amis; on ne cesse d'en boire toute la journée, jusqu'à ce qu'il n'y en ait plus.

Epicurien dans l'abondance, stoïcien dans l'adversité, il jouit du présent sans s'inquiéter de l'avenir, et sait se passer du nécessaire quand son peu de prévoyance l'a réduit à en manquer. Plus aimable en compagnie, qu'estimable chez lui, assez bon père, mari brutal, mais fidèle, il est bon ami, tant que ses intérêts personnels le lui permettent.

———

Duramont a le ton haut, la voix forte, la démarche fière, la tête couchée en arrière, les gestes délibérés; quand il parle à quelqu'un, il l'appelle par son nom, tout court; il crie, il

———

(1) Liqueur extraite du riz.

s'emporte, pérore long-temps, et finit toujours, quelque chose qu'il dise, par avoir raison; il s'exprime mal, fait des fautes de langue, mais personne n'y fait attention. Est-il dans un cercle, il aborde les femmes avec un air familier, et on jugerait, au ton leste qu'il prend avec elles, que toutes ont eu le bonheur d'être admises dans ses bonnes graces?

Parle-t-on nouvelles, il interrompt l'orateur par un démenti formel, et sans s'expliquer davantage, fait entendre qu'il en sait beaucoup plus qu'il ne peut en dire?...... On prête une oreille attentive...... et l'on se sépare contents d'être instruits d'un secret qu'il a bien voulu laisser entrevoir? Rencontre-t-il dans la rue un de ses anciens amis? il l'appelle, le fait venir à la portière de sa voiture, et lui dit bien haut qu'il l'attend dans trois jours à dîner chez lui. Il s'excuse auprès de l'homme important, qui est assis à ses côtés, d'avoir engagé ce pauvre diable; mais il ajoute qu'au fond c'est un bon enfant, un

honnête garçon , à qui il ne manque que
ce qu'il appelle de l'esprit , pour s'être
avancé dans le monde.

Duramont habite un des plus beaux
hôtels de Paris ; tout y est magnifique :
meubles d'acajou à l'antique , porce-
laines de Sèvres , services d'argent et de
vermeil ; on n'arrive guère chez lui
qu'en équipages brillants , et à peine si
les cabriolets sont reçus dans sa cour.
Les princes étrangers , les officiers du
premier rang , la haute magistrature ,
les savants distingués se réunissent à sa
table. C'est lui qui parle pour tout le
monde ; on applaudit par un léger
sourire aux sottises qu'il débite , et l'on
mange son dîner , qui est à la vérité un
des plus fins et des plus délicats de Paris.
Le soir , jeu d'enfer ; les louis servent de
jetons , et les billets de banque sont la
seule monnaie qui ait cours dans ses
salons dorés. Lui seul ne joue pas , il sa-
voure sa grandeur et jouit des honneurs
qui lui sont rendus. Il sa promène dans
ses appartemens comme un prince au

milieu de ses États. Accorde-t-il un sourire à un de ses convives ? celui-ci se trouve fort honoré. On dirait que c'est un roi qui protège un de ses sujets. Quel est donc ce singulier personnage ? Ne l'avez-vous pas déjà deviné, et ne reconnaissez-vous pas à son insolence et à son luxe effréné que c'est un nouvel enrichi.

———

Parnassinet est poète, et il s'appelle poète aimable ; les bouquets à Chloris, les épîtres légères, les énigmes, les épigrammes, les madrigaux, tout abonde sous sa plume ; et, tous les jours, trois ou quatre journaux contiennent des extraits de son esprit. Il n'y a pas de cotterie littéraire dont il ne fasse les délices ; sa réputation est faite dans Paris : il est vrai qu'elle ne passe pas les barrières ; mais aussi, comme il est chéri dans les Athénées ! c'est un de leurs plus fermes appuis. Il est content de lui, on voit cela sur sa figure, et ses yeux annoncent qu'il se nourrit déjà

des espérances de son immortalité. Il
est recherché; chacun se le dispute, et
l'on veut pouvoir dire : M. Parnassinet
a dîné chez moi. A cet égard, il est fort
obligeant, et accorde cet honneur à
quiconque a bonne table. L'hôte qui le
reçoit, rassemble, pour lui faire compagnie, des auteurs, des hommes de
lettres, des savants du premier ordre :
mais telle est son habitude, qu'il ne
voit personne que lui dans une société :
aussi, ne s'apperçoit-il pas du choix
qu'on a fait. Il arrive tard, mange
beaucoup et ne parle pas moins; il verse
le sarcasme et l'ironie sur tous les
poètes de son temps. Quant aux autres
littérateurs, il ne les honore pas de son
attention, car il ne croit pas qu'on
puisse avoir de l'esprit quand on ne fait
pas de vers. Cite-t-il quelque chose?
c'est toujours tiré de ses œuvres. Ses
libraires le trompent; les nombreuses
éditions de ses poésies l'accablent; il est
surchargé de lettres ; il ne peut suffire à
une correspondance si étendue; tous les
jeunes poètes le consultent; tous les
grands

grands veulent le posséder à leur campagne. Il parle avec mystère (à des gens qu'il ne connaît pas) d'un poëme manuscrit qui doit faire le plus grand effet ; il est étonné de la profondeur de son génie et de la richesse de ses expressions ; il ne peut tenir à en citer un morceau : et d'ailleurs, ajoute-t-il, pourrais-je mieux terminer la soirée et témoigner ma reconnaissance à mon aimable hôte ? Personne ne répond ; il débite ses vers ; on se regarde, on se pince les lèvres ; celui qui est derrière lui, sourit. Chacun attend avec impatience le moment de son départ ; on se promet bien de ne pas s'en aller avant lui ; enfin, un vers saillant paraît ; il s'arrête alors, on applaudit, et il profite de ce moment pour faire ses adieux. Le voilà parti : tout le monde d'éclater et de se dire avec confiance, ah ! quel être ridicule ! Quel est, s'il vous plaît, cet homme singulier, dit un personnage plus froid de la compagnie ? C'est M. Parnassinet, répond l'hôte, l'auteur de... ce poëme ennuyeux.

E

Je le connaissais pour un mauvais poëte;
mais je ne me doutais pas qu'il fût un
si grand sot.

———

Quel est cet homme au teint blafard,
aux yeux ternes et enfoncés, au front
toujours sourcilleux ? Ses cheveux sont
hérissés, son regard est trouble ; on
dirait qu'il est en colère, que quelque
passion violente l'agite. Ses traits sillon-
nés décèlent le tourment de son ame ;
il a donc éprouvé de grands malheurs ?
Non, ne vous y trompez pas ; il n'a
qu'un seul sujet de chagrin..... Et quel
est-il, s'il vous plaît ? C'est le bonheur
des autres. S'il n'y avait pas d'heureux
autour de lui, ce serait l'homme le
moins agité qu'il y ait sur la terre.
Mais voit-il quelqu'un s'avancer dans le
monde ? aussi-tôt il conçoit de la haine.
Pour lui, il recherche les vices, les
fautes, les défauts dont on l'a accusé.
S'il n'en trouvait pas, il en inventerait,
plutôt que de ne rien dire. Il crie à
'injustice, au passe-droit, à l'intrigue,

L'ordre social lui paraît renversé, puis-
qu'on a pu donner un poste éminent à
celui qu'il n'aimait pas : et il n'aime
personne. Apprend-il qu'un négociant
de sa connaissance a fait une grande
fortune? il le regarde comme un homme
déshonoré, qui n'a pu s'enrichir qu'aux
dépens de sa conscience. Il parle de
vingt moyens frauduleux qu'on emploie
dans le commerce pour acquérir promptement des richesses, et assure qu'il
ne doute nullement qu'il n'ait pris un
de ceux-là. Il cite même, à l'appui de
son raisonnement, quelques anecdotes
controuvées; mais qu'il donne pour
vraies. Un auteur fait-il paraître un
ouvrage dont tout le monde dit du
bien? Il prétend à lui seul le faire
tomber; il ne voit que les taches qui
s'y rencontrent, ses yeux ne sauraient
y fixer les beautés qui y fourmillent.

De même que celui qui a la jaunisse,
voit tout jaune. Ainsi, le prisme de l'envie lui fait tout voir sous des couleurs
odieuses; il verse son fiel impur sur

toutes les productions nouvelles qui annoncent quelque talent. Il ne fouille dans l'antiquité que pour y trouver des armes contre ses contemporains. Sans cesse agité de passions haineuses, il caresse la malignité du plus grand nombre pour surprendre son approbation. Voyez-le dans son intérieur, vous le trouverez toujours quelques Zoïles à la main. Nonotte, Fréron sont ses lectures favorites. Si enfin il échappe un éloge de sa plume, c'est celui d'un satyrique. La médisance lui paraît fade; la calomnie seule a des charmes pour lui : c'est sur les autels de cette horrible déesse qu'il brûle son encens. Mais ce qui fait son supplice continuel, c'est de ne pouvoir inspirer, à ceux qui l'écoutent, la haine profonde qu'il éprouve pour tout homme qui a des droits à l'estime publique. Ces traits vous suffiront, sans doute, pour reconnaître l'envieux.

Les amis ne sont communs que dans

la prospérité. Un homme joue-t-il un rôle, a-t-il une place marquante? il se voit aussi-tôt environné de personnes qui ont pour lui un dévoûment tout particulier. Fêtes, thés, bals, jolies femmes, concerts, spectacles, tous les plaisirs lui sont offerts; il n'a pas le temps de desirer. On lui assure, d'un air de si bonne-foi, qu'on l'a toujours estimé; que depuis long-temps on cherchait l'occasion de se lier avec lui, qu'il finit par se le persuader. On l'invite à dîner; ce n'est pas à dessein de l'importuner de demandes...... Heureusement, on est assez bien pourvu...... Il accepte. On a soin de réunir pour lui les plus agréables sociétés....... Quand il arrive, tous les regards sont portés sur lui. — C'est Philinte, annonce-t-on, à qui le gouvernement vient de rendre justice, en l'appelant à un emploi important. Les anciens amis de la maison ne servent plus que d'ornement au repas; ils ont eu leurs jours de fêtes et d'attention particulière; ils ont passé : Philinte passera comme les autres.

Tous les jours on va le voir ; tous les jours on l'invite ; on ne le possède jamais assez ; on lui jure une amitié éternelle. Philinte, sans qu'on lui demande rien, fait tout ce que l'on veut ; on trouve qu'il gagne à être vu de près ; on ne s'apperçoit pas que c'est soi-même qui gagne, en obtenant de lui tout ce qu'on desire. Il est si naturel à l'homme de s'attacher à ceux qui l'entourent, qui caressent ses opinions, flattent son amour-propre, que Philinte devient ami sincère, et se félicite enfin d'avoir trouvé la pierre philosophale ; il ne doute plus qu'on puisse rencontrer de vrais amis ; déjà cette amitié lui promet le bonheur. Quelque chose qu'il dise, on l'approuve ; jamais on est tenté de le contrarier. Ses amis deviennent bientôt les dispensateurs des graces ; il n'en est plus guère que l'agent ; cependant tout est bien à ses yeux.

Mais on n'est pas toujours heureux ; une disgrace arrive, Philinte perd sa place et bientôt son crédit. Déjà on lui trouve quelques torts; il était trop faible; il accordait trop facilement : c'était sans doute un honnête homme, ne manquant pas de talens, mais trop brusque d'ailleurs, fort exigeant; enfin, en peu de jours, son mérite diminue prodigieusement : on le trouve sérieux, fier, despote dans la conversation. Le nombre de ses courtisans s'éclaircit en peu de temps; il devient visible à toute heure. Ses vieux amis, qu'on avait écartés, et que lui-même avait oubliés dans le tourbillon, reviennent et ont accès auprès de lui; ils compatissent à son sort; ils y sont d'autant plus sensibles, que les nouveaux l'ont déjà laissé là. Mais il s'apperçoit d'un grand vide dans son existence. Quand il entre dans un salon, on ne dit plus : c'est Philinte qui arrive....... Ah! je serais charmé de faire connaissance avec lui....... A peine si on se lève pour le recevoir; la conversation continue toujours la même..... Il s'en va sans que personne l'ait remarqué.... Il lui semble que les plaisirs de Paris diminuent; que les hommes sont devenus plus fiers, les femmes plus réservées, les assemblées plus ennuyeuses, les thés moins agréables. Quand il rentre chez lui, il ne trouve plus ni billets de spectacle, ni billets de bal. Veut-il voir une pièce nouvelle? il faut qu'il soit confondu dans le parterre, foulé au bureau. Cette famille qui faisait son bonheur de le posséder, le reçoit si froidement, qu'il renonce tout-à-fait à la voir. Enfin, à peine quinze jours sont-ils écoulés, qu'il se trouve seul, ouvre les yeux, revient de son erreur, et s'apperçoit qu'il n'est pas de liaisons à l'épreuve des circonstances, ni d'amis éternels.

ESSAI

SUR

L'IMITATION.

Respicere exemplar vitæ morumque jubebo,
Doctum imitatorem, et veras hinc ducere voces.

HORACE.

L'HOMME est occupé, pendant toute
sa vie, à observer et à imiter les actions
de ses semblables. S'il n'agissait pas
ainsi, il se trouverait continuellement
exposé à des difficultés insurmontables;
faute du secours de l'expérience des
autres, il resterait long-temps dans
l'ignorance et dans l'abandon ; dépen-
dant des secours tardifs de sa propre
raison ; il serait fort embarassé pour
fournir à ses besoins, et distinguer l'erreur de la vérité. Nous voyons combien

E 5

les facultés humaines sont resserrées dans la vie sauvage et solitaire. M. de Paw, dans ses recherches sur les Américains, nous en a donné une idée très-exacte. Il nous dit, au sujet d'un homme sauvage trouvé dans les forêts de l'Allemagne, que cet être isolé était descendu au niveau des brutes; qu'il n'avait conservé que des lueurs de cette raison et de ces facultés qui nous élèvent si fort au-dessus des autres animaux, et qui prouvent le merveilleux de notre organisation. Ce sauvage évitait fort adroitement les lacs et les pièges tendus pour les loups, et appercevait de très-loin les ressorts qui les tenaient ouverts.

Rien ne prouve mieux combien l'homme dépend de la situation où il se trouve, que la narration que nous a donné le capitaine Roger du voyage qu'il fit au cap Horn en 1709. Il retira de l'île déserte de Juan Fernandez, un Ecossais né dans la province de Fife, qui avait vécu quatre ans et quatre mois dans ce lieu solitaire. Cet homme,

nommé Alexandre Selkirck, avait été
cruellement abandonné sur le rivage
par le capitaine Stradling, qui lui avait
laissé ses habits, son lit, un fusil, une
livre de poudre, un peu de plomb, du
tabac, une hache, un couteau, une
bible et quelques autres livres qui trai-
taient de sujets religieux, ses instru-
mens et ses cahiers de marine. Pendant
les premiers huit mois, la mélancolie
s'empara tellement de cet être infortuné, qu'il était souvent sur le point
de mettre un terme à son existence.
Lorsque sa poudre fut consommée, il
fut obligé, pour attraper des chèvres
qui servaient à le nourrir, d'avoir recours à son agilité. Il devint, à force
d'exercice, si actif, qu'il courait de
rochers en rochers avec une légèreté
surprenante.

Au bout de quelque temps, les soins
de pourvoir à sa subsistance absor-
bèrent son esprit au point qu'ils effa-
cèrent chez lui tous les autres sentiments
moraux. Aussi sauvage que les animaux

qui l'environnaient, il avait oublié jusqu'à l'usage de la parole. Le capitaine
Roger fut tout étonné de voir qu'il ne
se souvenait plus que des dernières syl-
labes des mots; d'où l'on peut conclure
que s'il n'eût pas eu de livres, ou que
si son exil eût duré deux ou trois ans de
plus, il aurait probablement perdu entièrement la faculté de parler. L'homme
n'est donc rien par lui-même, il doit
tout à la société. Si le plus grand philosophe, le plus profond métaphysicien
eût été abandonné à l'âge de dix ans dans
une île déserte, il serait tombé dans la
classe des brutes, et serait devenu faible
d'esprit, ignorant et presque muet; en
un mot, il éprouverait les mêmes changemens que l'infortuné Selkirck. Je ne
doute pas que ce ne soit à la situation
malheureuse de cet homme que nous ne
devions le roman très-agréable de Ro-
binson Crusoé.

M. Paw cite encore d'autres faits qui
viennent à l'appui de cette vérité. Il y
a quelques années, dit-il, un homme

qui avait été persécuté par des moines ;
à cause de ses opinions, et d'un bien
qu'il avait près d'une de leurs terres,
forma la résolution de quitter l'Europe,
et d'aller mener une vie sauvage au
milieu des forêts du Canada. Il resta
dans ce pays pendant quelque temps,
et ne revint dans le monde qu'au commencement de la dernière guerre ;
mais il avait perdu entièrement l'usage
de l'esprit, et l'avoit perdu au point que
ses amis furent obligés de le faire en-
fermer. La même chose arriva, dit
M. de Chevreaux, au célèbre mathé-
maticien Martial. Ayant trouvé que la
résidence de Paris était trop bruyante
pour se livrer à son aise à l'étude de
la géométrie, il partit pour le Canada.
On s'apperçut à son retour qu'il avait
oublié une infinité de choses; il semblait
être redevenu enfant, pour avoir passé
seulement cinq ans parmi les sauvages.

On a remarqué que les arts utiles à
la vie, non seulement ne fleurissaient
pas dans la solitude, mais qu'ils décli-

naient et s'oubliaient en peu de temps.
Cette tendance à imiter est nécessaire
à l'avancement et aux succès des arts
où la nature paraît être le seul objet de
notre étude, et où une servile imitation
est une preuve infaillible de talens médiocres. L'artiste qui ne sait pas employer les travanx de ses prédécesseurs,
sans laisser appercevoir les modèles qu'il
a suivis, ne sera jamais susceptible
d'atteindre à de grands talens; mais
celui qui dédaigne de faire usage des
leçons des grands maîtres qui l'ont de-
vancé, ne peut se flatter de connaître
son art.

Ce penchant à imiter, détermine
presque toujours le caractère moral de
l'homme. Il se forme, par l'habitude,
une conduite long-temps avant de réfléchir sur les causes qui l'ont porté à
suivre cette même conduite. Rarement
il comprend les raisons qui font blâmer
ou approuver le genre de vie qu'il a
adopté, jusqu'à ce que l'expérience lui
ait fait discerner la vérité.

Le penchant que tous les hommes
ont à imiter, paraît avec plus de force
dans les jeunes gens et dans les basses
classes de la société; il agit plus faible-
ment sur l'homme mûr et éclairé dont
l'esprit s'exerce continuellement à mo-
dérer sa force. Cependant, on peut dire
que tous les hommes agissent par imitation; qu'il est peu d'actions qui n'aient
eu un modèle. Voilà ce qui fait que
chaque nation a un caractère particulier qui la distingue des autres; voilà
aussi ce qui fait que les hommes se di-
visent par classes, et que chaque classe
a un caractère particulier. Delà vient
que les opinions et les usages qui ne sont
d'abord que le fruit de l'imagination et
de la fantaisie, reçoivent du temps une
espèce de sanction qui les rend sacrés,
au point souvent que les hommes leur
sacrifient jusqu'à leurs jours. Il ne faut
donc pas considérer les usages et les
coutumes avec un œil trop sévère et
trop philosophique, ni les priser ri-
goureusement d'après leur valeur primitive; mais les estimer d'après l'utilité

qu'elles ont acquise par l'assentiment général. Sous ce rapport, il faut bien se garder de mépriser certaines pratiques qui s'exercent dans des associations particulières. Il y a bien des choses indifférentes en elles-mêmes qui, se trouvant consacrées par le temps et l'usage, deviennent des obligations, et qui servent de point de contact entre les individus; chacun se voit dans celui qui imite ses actions.

Il y a bien des costumes ridicules en apparence, et dont l'origine était très-raisonnable. Dans le seizième siècle, dit un écrivain observateur, les Espagnols étaient sujets à des tumeurs à la gorge, semblables aux glandes qui défigurent les montagnards de la Suisse. Afin de cacher cette difformité, ils inventèrent de grandes fraises qui couvraient non seulement toute la longueur du cou, mais aussi les oreilles et le bas du menton. L'Espagne était alors en possession de ce que la France a usurpé depuis, l'empire de la mode, et le reste de

l'Europe adopta cette espèce d'ornement ridicule, mais qui avait été inventé pour soustraire aux yeux des défauts naturels.

On a souvent attribué à des causes
purement physiques les vertus et les
vices qui caractérisent les différentes
nations ; il est certainement très-pro-
bable que l'air et le climat doivent
influer sur le caractère, pourvu que l'on
borne cette influence aux diverses qualités qui regardent le corps ; mais il n'en
est pas de même pour les qualités morales d'un degré supérieur, et qui dépendent entièrement de l'intelligence ;
car, quand celles-ci sont communes à
tous les habitants d'un même pays, cela
ne vient que du penchant naturel de
l'esprit humain pour l'imitation. Si le
premier fondateur d'une société est
doué de l'amour des conquêtes, il trouvera facilement le moyen de faire passer
ce même penchant dans le cœur de ses
concitoyens. Bientôt ils seront tous
animés d'une ardeur guerrière, que les

les victoires fortifieront; cette vertu héroïque deviendra le caractère particulier de la nation, pendant une longue suite de siècles.

Si Rome eût pris naissance au sein de la paix, qu'elle eût été environnée de peuples moins guerriers ou plus puissants, que sa position maritime l'eût mise à portée de se livrer au commerce, elle ne serait certainement pas devenue la maîtresse du monde. La fortune, en la rendant la dépositaire des monumens de la belle antiquité, en a fait le séjour du goût et des beaux arts; et l'imitation a encore étendu son influence, à cet égard, sur les provinces qui l'avoisinent, et qui ne redoutent plus son pouvoir.

L'imitation produit de semblables effets dans les diverses associations qui composent la grande société d'un Etat. Les progrès de ces associations seront d'autant plus rapides, qu'elles s'attacheront à la culture de certaines qua-

lités, de préférence à d'autres ; c'est
donc à ceux qui sont à la tête des grandes
sociétés de diriger les goûts ; et le commerce qui s'établira entre les différentes
petites associations, formera l'esprit
public, et sera le type caractéristique
de la nation en général.

Il arrive souvent que la position de
certaines classes d'hommes leur donne
un penchant pour des vices particuliers.
Par exemple, on attribue aux mar-
chands un penchant à tromper et une
complaisance qui tient de la servitude ;
aux soldats la sensualité et la témérité ;
aux personnes d'une naissance élevée
l'orgueil et la prodigalité. M. Hume,
en écrivant sur ce sujet, a fait un ca-
talogue des vices odieux attribués à une
classe d'hommes aussi nombreuse que
puissante. Sans discuter minutieuse-
ment les raisonnemens de ce philosophe,
nous ferons quelques réflexions sur ce
jugement qui nous a paru trop sévère ;
et nous devons dire d'abord que l'on
doit se défendre, autant que possible,

de tirer des conséquences générales dans
de telles circonstances.

Il est à remarquer que plus une classe
d'hommes a occasion d'exercer ses facultés intellectuelles , plus il y a de pro-
babilité qu'elle se tiendra exempte des
vices de profession , sur-tout de ceux
qui sont nuisibles à la société. L'habitude d'exercer sa pensée étend nos vues
au-delà de notre propre sphère ; nous la
considérons comme faisant partie d'un
grand tout , et nous nous regardons
comme intéressés au bien général :
voilà la source des idées philantro-
piques , et les élémens de la vertu ap-
pelée prudence.

Il faut encore observer que des individus de quelque classe qu'on les prenne ,
ne contracteront pas les mêmes habitudes , les mêmes manières , si leur état
est indépendant les uns des autres , si
leurs occupations leur laissent assez de
loisirs pour se livrer à la réflexion , et
s'ils ne sont pas contraints par les circonstances de s'imiter les uns les autres.

Nous devons à M. Hume, une observation qui peut servir de réponse à son jugement trop sévère. La même classe d'hommes, dit-il, peut acquérir par des circonstances accidentelles, dans différents pays, et à diverses époques, des qualités différentes et même opposées.

C'était l'opinion d'un auteur dramatique de la Grèce, qu'il était impossible à un soldat de devenir poli. Cette assertion était fondée sans doute sur des observations faites au moment où il écrivait ; mais elle est contredite par l'expérience de notre temps. Pourquoi ne regarderions-nous pas, même en admettant les raisonnemens de M. Hume, comme concluants qu'une religion dont la morale est raisonnable et pure, peut exempter des vices de profession, au moins ceux qui en exercent les fonctions, et qui dirige l'esprit de ce qu'il appelle cet ordre.

Passons maintenant à l'application des observations que nous venons de faire. Puisque l'imitation exerce une influence si puissante sur la conduite de l'homme, il est donc essentiel de diriger avec grand soin celle des jeunes gens dont on entreprend l'éducation. C'est sur-tout dans la première partie de la vie, qu'il est important de la surveiller. La jeunesse, dont les passions sont vives et le jugement encore neuf, imite avec empressement et sans distinction tout ce qui se présente à son esprit. Les jeunes gens copient de mauvais modèles, si on ne leur fait pas distinguer et suivre les bons. Il faut non seulement leur présenter de bons modèles, mais même les attirer vers ces derniers, et faire en sorte que leur inclination les porte à prendre un sentier que leur raison ne leur montre pas encore. Mais n'est-ce pas là, dira-t-on, le moyen d'imbuer leur esprit de préjugés, de multiplier les habitudes pernicieuses? Car, où est le modèle parfait? Et s'il n'y en a pas, comment les jeunes gens seront-ils en état de distinguer entre ce qu'il faut suivre et ce qu'il faut éviter, entre les qualités factices et les qualités réelles ? Tout ce que l'on peut faire, c'est d'indiquer les exemples qui sont bons à suivre, et qui offrent le moins d'imperfections. Ce serait une chimère de s'attendre que des jeunes gens qui commencent la vie, seront exempts de toutes fautes ; leur âge est la saison des préjugés et des erreurs. On peut regarder comme fort heureux ceux qui emploient l'âge mûr à se défaire des préjugés dont ils sont imbus, ou au moins à en diminuer le nombre. Il serait donc nécessaire qu'ils apprissent de bonne heure à prendre une certaine confiance dans leurs sentiments intimes, et qu'ils déférassent un peu plus à l'opinion d'hommes éclairés. Qu'ils s'en rapportent, pour ce qui regarde leur conduite morale, à leur propre conscience, plutôt que de suivre les exemples des autres ; car, dans ces cas-là les impulsions de la nature sont des guides plus sûrs que la raison même, parce que celle-ci se laisse aveugler par les sophismes des vices toujours trompeurs. Il est bon qu'ils réfléchissent souvent sur le peu d'étendue de leurs connaissances, afin d'entretenir des sentiments de modestie si nécessaire à leurs progrès, et qu'ils se persuadent bien qu'ils ont besoin du secours des gens âgés et qui ont acquis de l'expérience. Par ces moyens ils seront naturellement portés à imiter ce qu'ils trouveront de bien dans les autres, sans devenir des imitateurs serviles et aveugles de tout ce qu'ils verront.

.On doit relever ici une erreur dans laquelle des personnes de tout âge tombent fréquemment : c'est d'imiter en tout une personne qu'on s'est proposée pour modèle. Des gens fort estimables ont quelquefois certaines manières qui, se trouvant unies à de grandes qualités, acquièrent par cette union de l'importance et même de la grâce, et qui sont souvent plus saillantes que leur conduite même ; ce qui fait qu'elles sont plutôt imitées par ceux qui observent tout. De telles particularités,

quand

quand elles affectent le caractère moral , sont inexcusables ; et dans tout
autre cas , quoiqu'on les excuse facilement , ne doivent être ni louées ni
imitées. Les singularités proviennent
rarement de quelques causes raisonnables : un vain desir de se faire remarquer , une négligence dans quelque
partie de notre conduite, une trop haute
opinion de quelque mérite particulier ,
l'ignorance des manières reçues ; voilà
ce qui donne souvent naissance aux singularités. Si elles doivent leur origine
à si peu de chose , on ne doit pas espérer beaucoup de bien de leur influence,
et l'on peut observer en général , que
les avantages qui résultent, tant pour
nous que pour les autres, de suivre les
règles communes , sont perdues lorsque
nous voulons nous singulariser par nos
actions.

Pour éviter autant que possible les
erreurs des autres, nous ne devons point
imiter une seule personne; mais étendre
nos observations autant que nous pour-

F.

rons, sur toutes celles qui peuvent nous
offrir un bon modèle. Le contraste et
l'opposition qui résulteront d'une telle
conduite, diminueront l'enthousiasme
qui nous surprend souvent, lorsque nous
admirons quelqu'un, qui nous cache
ses défauts, que nous prenons souvent
pour des perfections.

Mais l'imitateur habile ne se contente
pas de contempler les perfections de son
modèle ; il recherche attentivement les
causes qui les ont fait naître, et les
ressorts qui leur donnent du jeu. Il
considère ce moyen comme indispen-
sablement nécessaire pour rendre l'expérience des autres utile à ses propres
desseins.

Ce que nous venons d'observer à
l'égard de la singularité de quelques
individus, porte également sur les singularités des nations. Dans une com-
munauté, toute marque distinctive qui
n'est pas frappée au coin de la nature
et de la raison, a été enfantée par l'igno-

rance, et n'est entretenue que par les préjugés; elle affaiblit les sentimens de philantropie, et occasionne des pratiques
minutieuses et des attachemens ridicules. Ce serait être partisans aveugles
d'une société, que de suivre toutes ses
coutumes quand elles sont absurdes ou
pernicieuses, ou d'employer des moyens
condamnables pour chercher à les jus-
tifier.

Le vulgaire et les gens peu réfléchis
tombent souvent dans cette erreur;
mais le mal, dans ce cas-là se corrige
de lui-même. L'ignorance qui est toujours la cause de cet enthousiasme
aveugle, nous rend incapables de l'émet-
tre au-dehors, de manière à ce qu'elle
devienne dangereuse. C'est une erreur dont seront toujours exempts les
hommes pénétrants et vertueux. Ceux-
ci aimeront leur pays comme on aime
un ami à qui on pardonne ses défauts.
Ils saisiront avec empressement tous
les bienfaits qu'ils pourront en recueillir,
et endureront avec patience les maux

inévitables qu'ils y rencontreront.
Fuyant avec soin les deux extrêmes, ils
ne s'aveugleront point sur ce qui est
blamable, et ne chercheront pas à le
peindre sous des couleurs avantageuses;
par la même raison ils ne quitteront pas
une coutume que le temps a rendu utile.

Comme le commerce que les hommes
entretiennent entre eux augmente leurs
connaissances, de même, lorsqu'ils
s'isolent les uns des autres, ils se privent de lumières. La Chine, par exemple, a beaucoup perdu à cause de sa
fausse politique; et par une certaine
jalousie qui l'a séquestrée des autres
nations du globe, elle est devenue ré-
trécie dans ses vues, et partielle dans
ses affections. Le temps n'est peut-être
pas loin, que le véritable caractère de
cet Empire puissant sera mieux connu
des philosophes de l'Europe, que les
découvertes, l'agriculture, la politique
et les sciences de ce peuple traverseront
l'Océan pour venir enrichir nos con-
trées; nous lui enverrons en retour nos

beaux arts, les fruits abondants de notre industrie , et les trésors de notre commerce.

D'ailleurs , on ne doit pas s'attendre, et il ne serait pas à desirer , que nous nous défissions facilement de cet attachement qui nous lie à notre pays ou, à notre profession. Il sera toujours intéressant que les hommes y tiennent d'une manière forte ; c'est le seul moyen de nous porter à remplir nos devoirs avec zèle et avec exactitude. Mais dès que nous nous attachons à propager dans notre cercle des détails absurdes et étroits, nous détournons l'effet du principe important de l'imitation.

L'homme qui imite doit se former un plan grand et élevé; il ne doit s'attacher ni à la profession, ni à l'âge, ni à l'état; mais recueillant avec soin ce qu'il rencontre de plus beau et de plus parfait dans les ouvrages de la nature, il forme par le secours de chacun le modèle parfait qu'il ne pourrait s'attendre à trouver dans un seul objet.

F 3

Les peintres de l'antique Grèce ne re-
gardaient jamais leurs ouvrages comme
finis ; ils mettaient au bas de leurs tableaux : *Apelles faciebat* , et non
fecit ; Apelles est occupé de cet ouvrage ; mais ils ne disaient pas qu'il était
fini. Voulant dire par-là qu'ils travail-
laient encore à le perfectionner. Quoiqu'un modèle approchant presqu'insensiblement vers la perfection , et com-
posé de bien des parties diverses , ne soit
que l'ouvrage de l'imagination de celui
qui imite , néanmoins c'est le fruit d'observations justes et exactes , il n'en a pas
moins le mérite de l'originalité et le
beau de la vérité.

Il est vrai que la tâche la plus difficile pour la plupart des hommes, est
de découvrir le beau , par-tout où il est
répandu , d'appercevoir les défauts où
l'art a su les cacher et souvent les em-
bellir; de donner les éloges dues aux nations ou aux professions différentes des
nôtres , de discerner les erreurs de la
vérité, et de reconnaître les préjugés

nuisibles de ceux qui ne sont qu'indif-
férents. Nous ne pouvons donc espérer
de remplir cette tâche sans une grande
disposition, et sans l'occasion d'augmenter nos lumières; il faut que ce soit
l'effet combiné d'un cœur droit et d'un
esprit sain et bien cultivé.

Nous avons déjà parlé de l'exemple;
mais nous ne l'avons pas considéré
comme cause. Un bon exemple nous
met devant les yeux, et nous fait sentir
toute la beauté de ce que la loi ordonne,
sans accompagner cette beauté d'une
apparence de contrainte. Un homme
qui vit bien ne nous ordonne pas de
l'imiter, il nous y invite et encore si
tacitement, qu'il nous laisse le plaisir
du choix tout entier. Rien n'est plus
propre que le commerce des honnêtes
gens pour nous guérir de nos préven-
tions contre la vertu. En les fréquen-
tant, nous nous convainquons que ce
qui nous avait paru triste, est aimable,
et que ce que nous avions cru pénible,
est aisé; et loin d'avoir besoin d'efforts

pour faire comme eux il en faudrait pour s'empêcher de les imiter.

L'exemple est d'un grand avantage, parce qu'il frappe plus vivement que le précepte ; car la règle ne s'exprime qu'en termes vagues, au lieu que l'exemple fait naître des idées déterminées, et met la chose sous les yeux.

L'homme se trouvant très-disposé à l'imitation, il sera difficile que les mauvais exemples ne l'entraînent, s'ils sont fréquens à ses yeux, et s'ils lui deviennent familiers. A la vérité, un mauvais exemple produit un effet salutaire sur un cœur qui a déjà de l'aversion pour le mal ; car ce mal auquel il ne peut penser sans le condamner, lui donnera une toute autre horreur, quand il agira sur ses sens, ou que son imagination animée par une description vive et circonstanciée, se le figurera comme s'il était présent.

Mais, afin que les mauvais exemples produisent ce bon effet, il faut avoir

soin de ne les présenter à l'imagination que sous leurs côtés odieux, et de
ne les proposer jamais sans faire bien
sentir ce qu'ils ont d'indigne et de re-
butant.

On prend le parti de l'imitation avec
trop de facilité; souvent on ferait beaucoup mieux de suivre son propre génie,
et de borner ses soins à le bien régler.
Tel aurait pu devenir un modèle, s'il
ne s'était pas contenté de se former sur
le modèle des autres. On a plutôt fait
de voir ce que font les autres, pour
faire à peu près comme eux, que de
se tracer à soi-même une route, et
d'étudier ce qu'on pourrait faire de
mieux.

La même paresse qui fait qu'on se
borne à l'imitation, est encore la cause
qu'on n'imite que ce qu'il y a de plus
aisé dans le modèle qu'on s'est choisi.
C'est là une des raisons pourquoi les
copies restent toujours au-dessous des
originaux.

F 5

Comme on aime ce qui frappe, on
s'occupe avec plaisir des grands exemples; mais la plupart des hommes n'en
tirent pas de fruit, parce qu'au lieu
de s'en faire l'application, et de tâcher
d'imiter ce qu'ils y trouvent de grand
et de beau, ils se bornent au plaisir
de le voir, ou tout au plus, ils s'ap-
plaudissent de la justice qu'ils rendent
au mérite qu'ils savent distinguer.

E S S A I

SUR LES

CONNAISSANCES HUMAINES.

Virtutem doctrina paret, natura ne donet :
Quid minuat curas, quid te tibi reddat amicum ?
Quid pure tranquillet ?

HORACE.

ON a remarqué, et l'expérience a
justifié ces observations, que la vertu
n'est pas toujours la compagne des
sciences, que l'on trouve dans des
esprits ornés et cultivés des principes
faux et dangereux. Il faut avouer que
ces remarques sont vraies ; ce n'est cependant pas sans peine que nous ferons
cet aveu. Il y a une certaine élévation,
dans les sciences, qui commande le respect, et semble repousser tout soupçon
injurieux.

Nous regardons l'homme de génie

F 6

comme supérieur à l'influence des passions basses et pernicieuses, et nous pensons que ce qui répugne à la raison, ne saurait convenir à l'être qui sait faire un si digne usage de ses facultés intellectuelles.

Il est certain que les vertus n'ont pas d'appui plus solide que les connaissances humaines ; elles ont cela de commun avec les autres acquisitions de l'esprit, que les peines et les soins nécessaires pour les obtenir forment graduellement à l'habitude du travail, à la patience et à l'industrie. Le desir d'augmenter nos lumières nous rend désintéressés et peu sensibles aux regards de la fortune ; et comme les richesses ne s'acquièrent que par une suite continue des mêmes efforts et des mêmes sollicitudes, elles sont rarement le partage des dispositions actives et curieuses des hommes d'esprit. Leur objet bas et ignoble, à la portée des êtres les plus médiocres, est méprisé de celui qui n'aime que la vérité, et qui sent en lui des germes de talens supérieurs.

La fable de Prométhée, nous dit le savant écrivain (1) à qui nous devons l'Essai sur l'Homme, nous expose, sous une figure allégorique, les maux de la prévoyance. Que signifient les chaînes qui attachent le malheureux patient sur un rocher, et les vautours qui viennent tous les matins lui déchirer les entrailles? Ce n'est autre chose que les soins rongeurs et les inquiétudes qui tourmentent le cœur de celui qui ne rêve qu'à la fortune; mais l'homme de génie, l'homme de lettres suit le précepte d'Horace :

Detrimenta, fugas servorum, incendia ridet.

Celui qui est vraiment pénétré de l'amour des sciences, est rarement dominé par l'ambition et par la soif des honneurs. Ces passions peuvent d'abord flatter son amour-propre et le séduire; car, quels sont les hommes qui peuvent résister à la douce espérance de se voir

---

(1) Pope.

au-dessus de leurs semblables ; mais ils travailleront peu pour y parvenir, et encore le succès n'encourage jamais leurs efforts. Le calme et la précision, nécessaires à l'étude des sciences, s'accordent mal avec les projets fantastiques et déréglés de l'ambition, qui remplissent le cœur, et n'y laissent pas de place pour des plaisirs plus doux et plus vrais.

Quoique le jeune Hérode, dit M. Gibbon, eût été honoré du consulat de Rome, il passa cependant la plus grande partie de sa vie à Athènes, vivant là dans la retraite, ne s'occupant que de la philosophie. Il était continuellement environné de savants, qui reconnaissaient la supériorité d'un émule aussi riche que généreux. Les monumens de son génie ont péri ; quelques-uns nous restent encore, c'est la réputation de son goût et de sa générosité.

Il sera aisé à l'homme accoutumé à mesurer de son esprit ses jouissances, de

retenir dans ses limites ses appétits physiques, quoiqu'on ne doive pas s'attendre
qu'il se dépouille de la nature humaine.
L'absurdité ordinaire d'une conduite
immorale, fait présumer que celui qui
cause souvent avec lui-même, ne s'y
abandonnera pas facilement. La susceptibilité et le rafinement du contem-
platif coopéreront dans ce cas avec les
raisonnemens de son intelligence; il
sera à l'abri de la rudesse et de la bruta-
lité des passions vicieuses, autant par
sa raison que par ses goûts, non pas
qu'il soit exempt de l'influence de ses
appétits; il éprouvera leur aiguillon
comme les autres hommes; et, comme
les autres, il fera des efforts pour jus-
tifier l'indulgence qu'il aura pour elle ;
mais dans ses plus grands écarts, rarement il perdra de vue sa propre réputation , et l'intérêt général de la société
qui l'oblige de cacher les défauts de sa
conduite. Il sentira que ses vices seraient
beaucoup plus nuisibles au genre humain
que les excès publics de certaines gens
qui, non contents de donner dans toutes

les folies, prêchent ouvertement les vices.

Il ne sera pas difficile de prouver que les sciences tendent à resserrer les liens qui unissent les hommes entre eux. Elles donnent de l'élevation à l'ame et aggrandissent les vues de ceux qui les cultivent au-delà de l'étroite sphère de ceux qui les environnent. Elles enseignent à l'homme ce qu'il se doit à lui-même, et ce qu'il doit autres, les services qu'ils ont droit d'attendre de lui; et jusqu'à ce qu'il soit instruit de ces devoirs, quoique l'intérêt personnel le retire de l'inaction, cependant à peine si on peut le regarder comme un agent moral. La nature, en lui donnant l'existence, lui a confié un rôle à remplir sur le théâtre de la vie, sa propre conservation l'oblige de s'en acquitter; mais ce sont ses facultés intellectuelles qui lui donneront la force et l'énergie nécessaires pour le bien remplir.

La nature a peut-être suffisamment imprimé dans son ame les affections

conjugales et les sentimens qui l'unissent
aux siens ; les émotions de l'amitié même
sont assez spontanées ; mais c'est l'exercice de son intelligence qui le porte à se
considérer comme un membre de la
société, qui le rend attentif à son intérêt, et qui l'enflamme de l'ardeur du
patriotisme. A mesure que ses connaissances augmentent, ses attachemens
se multiplient, l'homme devient l'objet
de ses regards et de ses soins comme
étant son semblable, et dans cette vue
philantropique il oublie toute distinction, soit de lien, soit de fortune. Nous
ajouterons même qu'il va plus loin, il
considère tout e qui est susceptible de
bonheur ou de malheur, comme devant
le toucher; et dans son systême, il em-
brasse tous les êtres qui respirent.

La bienfaisance peut exister indépen-
damment d'aucune science; mais les
sciences, en élevant et en aggrandissant
l'esprit, ne font qu'ajouter des forces
cette vertu.

Les sciences sont d'un très-grand

usage pour régler notre conduite à
l'égard de la religion. Le fanatisme et
la superstition, ces cruels ennemis de
l'espèce humaine, sont nés de l'ignorance et entretenus par elle. Ceux qui
sont obligés d'établir leur foi sur l'au-
torité des autres, sont incapables de se
mettre à la place de ceux qui diffèrent
d'eux en opinion, et de concevoir les
raisons qu'ils peuvent donner pour défendre leurs sentimens. Comme ils n'ont
trouvé aucune difficulté à fixer leur jugement, ils pensent qu'en résistant à la
croyance reçue, 'aquelle eux-mêmes se
sont soumis si aisément, qu'ils se rendent
coupables d'une obstination inexcusable;
et n'étant pas en état de persuader, ils ont
recours à la terreur, le seul argument
de la superstition et de la folie.

L'homme instruit est toujours dis-
posé à l'indulgence ; il pardonne aux
dissidens et aux rigoristes. Il sait que
la masse des hommes se laisse gouverner par l'esprit du plus petit nombre ;
et s'il pardonne aux intolérants mêmes,

il est bien plus porté à excuser ceux qui veulent examiner et délibérer, et qui recherchent de toutes leurs forces la vérité; parce qu'il croit qu'ils peuvent espérer de la trouver; on ne verra presque jamais celui qui s'est livré avec patience à l'étude des sciences, avoir un esprit présomptueux et persécuteur; il sait que ses talens, ses soins, son grand travail ne l'ont pas toujours mis à l'abri de l'erreur.

Les sciences produisent les bons effets que nous venons de citer sur l'esprit humain; mais elles sont sujettes à quelques inconvéniens. Quand nous avons dit que l'habitude d'étudier augmentait l'amour du travail, et donnait de la patience, il faut remarquer que cette habitude poussée trop loin, produit un effet opposé, et rend l'homme incapable des fonctions de la vie active.

Le désintéressement et cette disposition à la contemplation augmente souvent le mal, et quand ils sont réunis dans un seul individu, comme cela arrive assez souvent , et qu'il ne met pas de bornes à ses goûts , il s'isole de toute la société. Alors ses actions et ses affections humaines sont suspendues , il oublie qu'il est un homme , et devient morose , misanthrope et inutile.

En se livrant à son goût pour les abstractions , il ne doit pas oublier qu'il vit parmi ses semblables , et ne pas dédaigner les plaisirs qui naissent de leur société. Rien ne peut lui faire plus d'honneur que d'augmenter la masse du bonheur commun ; et ses lumières l'aideront beaucoup à remplir ce but. S'il ne recherche pas les louanges , qu'il cultive les sciences pour elles-mêmes, et pour son propre délassement , il en tirera toujours ce grand avantage qu'elles le mettront à l'abri des passions fougueuses.

L'orgueil est un vice que l'on a imputé souvent aux hommes de lettres ; mais il semble que la véritable science devrait plus être à l'abri de ce vice ,

que de tout autre. Cette réserve appa-
rente qu'ils ont lorsqu'ils se trouvent
dans des sociétés étrangères à leurs
connaissances est prise mal à propos
pour de l'orgueil : c'est un défaut d'une
autre espèce. La science, au bout d'un
certain temps n'est rien de plus que
la rectification de nos erreurs passées,
et la découverte d'idées oubliées. Il
semble que lorsqu'on est bien persuadé
de cela, il n'y a pas lieu d'admirer
son esprit, ni de montrer du mépris
pour celui des autres.

On a remarqué que les connaissances
élèvent l'esprit, qu'elles aggrandissent
les idées ; mais ne peut-on pas dire
qu'elles affaiblissent l'énergie de l'ame
en étendant ses opérations ? Nous ne
le pensons pas, l'homme ignorant a un
petit nombre d'attachemens ; et ils ne
sont autre chose pour lui qu'un échange
mutuel de services. On n'entend pas dire
qu'il soit plus sincère dans ses liaisons
que l'homme instruit, qui a les mêmes
motifs, et qui, à ceux-là, joint ceux

du savoir. Mais il faut convenir que les
affections disséminées sur un grand nombre d'objets , peuvent rendre l'homme
indifférent sur les choses qui l'appro-
chent de plus près ; que l'amour du bien
public peut produire chez lui l'oubli de
ses parens et de ses amis ; et que la
philantropie universelle diminue d'autant l'amour de sa propre patrie. L'étendue de l'esprit est utile lorsqu'il fait
sacrifier les intérêts particuliers aux
avantages de la société entière ; lorsqu'il sait réprimer les transports immodérés de l'enthousiasme , et nous inspire une conduite sage , et des vues
saines. Mais si , pour s'occuper des
grandes choses , on néglige les devoirs
ordinaires de la vie , les lumières deviennent nuisibles. Il est extrêmement
rare que l'on puisse faire de ces actions
qui contribuent immédiatement au bien
généra: ; mais les actions soutenues
d'une conduite vertueuse y contribuent
beaucoup , quoique indirectement. Peu
remarquées par le commun des hommes,
ce sont ces actions privées qui contri-

buent à l'harmonie des sphères morales,
pour me servir de la comparaison d'un
poële célèbre , et ce sont elles qui en-
chaînent le grand système de la morale.

If ignorance be bliss,
'Tis folly to be wise (1).

nous a dit l'aimable Gray; il faut convenir avec lui que le bonheur n'est pas
toujours un produit de la science. Mais
je ne crois pas qu'on puisse dire la
même chose de la vertu.

Un missionnaire de la société de Jésus
a décrit dans les lettres édifiantes, la
vie et les plaisirs des Africains du Cap
Vert. Leurs demeures, dit-il , sont de
pauvres cabanes couvertes de roseaux;
ils vont presque nuds, leurs vêtemens
ne consistent qu'en un morceau d'étoffe
de coton qui prend à la ceinture , et

(1) Si l'ignorant peut être heureux, à quoi
sert d'étudier la sagesse ?

(GRAY.)

finit à la moitié des cuisses ; leur seule
pourriture est du millet ; ils n'ont ni
blé, ni vin, ni fruit : et ce qu'il y a
de plus remarquable, c'est que les sauvages regardent leur pays comme le
paradis terrestre. Ce serait leur faire
une grande injure que de leur témoigner de la pitié sur leur sort ; ils sont
toujours gais et souriants ; et s'ils n'é-
taient pas effrayés des mauvais trai-
temens que les Européens leur font
éprouver, ils se regarderaient comme
le peuple le plus heureux du monde.
C'est cette même nation-là qui croit
que les blancs sont de la couleur du
diable, et ils considèrent comme un des
grands avantages de leur peuplade, d'être
composés des hommes les plus noirs de
l'Afrique.

Nous avons fait voir que les connaissances servent la religion : en écartant
la persécution et le fanatisme, elles
peuvent aussi lui nuire en fortifiant le
doute et l'incrédulité. Il semble d'abord
injuste de faire un crime à une personne

sonne de douter ou de se montrer in-
crédule. La persuasion, l'incrédulité et
le doute sont involontaires; ils ne font
que montrer de quelle manière l'esprit
est affecté par l'évidence qui lui est
offerte. Nous ne sommes donc pas blâmables de nos erreurs, mais seulement
de négliger les méthodes propres à nous
faire reconnaître la vérité. Nous sommes blâmables de nous attacher à des
opinions dont la candeur et le travail
nous délivreraient.

Mais on dit que les abstractions
n'ont aucun effet sur la morale pratique; qu'elles occupent le philosophe
dans sa retraite, et sont oubliées lorsqu'il rentre dans la société, et qu'il veut
en faire l'application. Les hommes
ne sont que peu influencés dans leur
conduite par l'habitude de méditer,
ajoute-t-on, et ces grands génies qui se
livrent à l'étude vivent tellement isolés
de la société, qu'ils n'ont presque jamais occasion de mettre en usage leurs
principes. Cette assertion n'est pas

G

toujours exacte, et la vie des vrais philosophes de tous les siècles et de tous les pays le prouvent suffisamment.

On doit donc regarder l'étude des sciences comme une occupation nécessaire et indispensable pour les jeunes gens; elle les récrée agréablement, les empêche de se livrer à des plaisirs dangereux; elle les habitue à un travail soutenu; elle les prépare à se rendre utiles à la société, et enfin leur inspire l'amour de la vraie liberté, et leur procure le contentement de l'ame. Mais elle n'est sociable que lorsqu'elle est bien dirigée, qu'elle tend à des choses essentielles, et sur-tout qu'elle leur enseigne à éviter les plaisirs trompeurs qui détournent ordinairement les hommes de la sagesse; c'est dans cette circonstance qu'on doit la regarder comme la véritable route du bonheur. Il ne faut pas cependant qu'ils s'y livrent avec une telle ardeur, qu'elle leur fasse négliger les devoirs de la vie sociale, et sacrifier au vain desir de se faire un nom, le rang et l'état qu'ils sont destinés à remplir.

ESSAI

SUR

LA NATURE DE L'AME.

L'AME est-elle un être distinct du corps, une substance immortelle, ou n'est-elle que le résultat de l'ensemble de la structure de l'homme? Voilà une question sur laquelle on ne diffère pas autant, qu'on se l'est imaginé jusqu'à présent. Il est vrai que je n'entends parler ici que des gens de bonne foi, les autres doivent être exclus de la lice; leur opinion ne peut être d'aucun poids pour des hommes qui se livrent sincèrement à la recherche de la vérité.

Il suffit d'entrer dans la discussion de la question proposée pour faire voir que cette assertion n'est pas sans

G 2

fondement, et qu'on doit la regarder comme un moyen de rapprochement entre deux partis divisés depuis long-temps , et un motif pour fixer sa méditation sur un des faits les plus importants de la métaphysique.

Au premier apperçu, les matéria-listes semblent avoir une opinion toute opposée à ceux qui regardent l'ame comme une substance particulière. On penserait d'abord que les sentiments professés par ces deux sectes ne peuvent avoir aucun rapport les uns avec les autres ; cependant en y regardant de près, nous verrons qu'ils diffèrent en si peu de chose, qu'on pourrait dire qu'ils s'accordent en tout , excepté en ce qui n'est intelligible pour personne. En général, les hommes ne diffèrent d'opinion que dans deux circonstances: la première sur l'admission de certains faits , la seconde sur le jugement qu'ils en portent d'après les idées qu'ils s'en sont formées. Or, dans la question que nous examinons ici , les faits admis par les deux partis doivent être pré-

cisément les mêmes. Chacun d'eux est
obligé de reconnaître que l'homme est
une masse de matière organisée, douée
de toutes les propriétés communes à
la matière en général ; et de plus de
la faculté de percevoir, de penser et
d'agir ; enfin de tout ce qui constitue
et distingue, suivant les idées abs-
traites que nous nous formons des
choses, un corps animé ou vivant, d'un
corps inanimé qui végète. Quelques
personnes confondent peut-être ensemble, les deux principes qui entrent
dans la composition de l'homme ;
d'autres les séparent ainsi que nous
avons été obligés de le faire. Mais tous
les gens de bon sens sont forcés de
les admettre, soit en les divisant,
soit en les réunissant. Jusqu'alors les
deux partis sont d'accord ; en quoi
diffèrent-ils donc ? Le voici, d'après
mon opinion : les matérialistes considèrent les facultés intellectuelles comme
une propriété purement additionnelle
à la matière qui compose le corps ;
tandis que ceux qui croient à l'immor-

talité de l'ame, les regardent comme
la propriété d'une substance entièrement distincte, et dont l'existence est
absolument indépendante de la machine
corporelle. Cependant ces derniers
conviennent n'avoir aucune idée de la
substance dont ils parlent ; et en effet,
quelque soient nos recherches, quelque soit l'attention que nous portions
à découvrir ce qui se passe dans notre
intérieur, nous ne pouvons appercevoir
aucune trace de sa nature, de ses
qualités, ni de ses effets. Les matérialistes de leur côté sont obligés d'avouer
qu'ils ne trouvent rien dans la cons-
truction de la machine humaine à
quoi on puisse attribuer les facultés
de l'ame. Nous sommes formés d'une
substance terrestre grossière ; notre
corps du moment de sa formation
avance continuellement vers sa destruction ; nous tirons des entrailles de
la terre la substance qui le renouvelle
sans cesse. Les graines, les plantes,
les animaux qui servent à nous nourrir,
sortent de son sein ; nous pourrions

apprécier exactement la quantité de
matière terrestre que nous devons con-
sommer. Lorsque nous cessons de vivre,
que le principe vital disparaît , nous
redevenons terre comme auparavant,
nous reprenons toutes les propriétés
de la matière, c'est-à-dire, que nous
nous divisons en atomes innombrables,
qui sont étendus , impénétrables et
pesants ; que nous reprenons cette
inertie qui résiste également au changement, soit du repos au mouvement,
soit du mouvement au repos. Prenez
deux cents pesant. de cette matière ,
disposez-la , combinez-la et modifiez-la
dans la forme qu'il vous plaira , moulez-la
sous la figure d'un homme ; faites un
cœur, une cervelle, des poumons,
des artères , des veines , des muscles ;
faites passer dans les veines un fluide
qui circule comme le sang à travers
vingt mille canaux, et rétablissez par
une distribution continuelle d'alimens
convenables , les pertes de chaque
partie de la machine; enfin , essayez
non seulement ceci, mais encore tout

ce que l'imagination peut créer de plus ingénieux avec la matière ; en résultera-t-il un être sentant, raisonnable, agissant, plein de vie, de force et d'énergie qui puisse scruter les annales du temps, mesurer les régions les plus éloignées, calculer l'immensité de l'espace, reconnaître toutes les passions diverses qui agitent ses égaux ? On sent combien cette proposition serait ridicule. On aurait le même droit de s'attendre à tirer des idées des puissances mécaniques les plus simples, telles que le levier, la poulie, l'écrou, si l'on en pouvait obtenir de la machine la plus compliquée et la plus parfaite, que l'esprit humain puisse concevoir.

Il y a donc une force mentale, ou autrement dit, il existe une ame. Ceux qui sont de cet avis conviennent qu'ils ne savent pas où elle est fixée, et reconnaissent qu'elle est confondue dans toute la capacité de l'être. Les matérialistes soutiennent qu'elle ne fait qu'un tout avec le corps, mais ils avouent qu'il n'y a rien dans l'édifice de notre machine, auquel on puisse attribuer la force de la pensée : en quoi donc les deux partis diffèrent-ils ? C'est que ceux-là prétendent que le corps et l'esprit sont entièrement indépendants l'un de l'autre ; tandis que ceux-ci avancent qu'ils sont dans une liaison et dans une dépendance totale. Voilà, autant comme je puis appercevoir, la seule circonstance sur laquelle les deux partis ont une opinion toute opposée; mais je crois qu'aucun des deux ne pourrait soutenir sa proposition dans toute son étendue.

Il serait impossible de prouver que les facultés de l'ame sont absolument dépendantes du corps; cependant on est déjà convenu qu'elles ne pouvaient être un résultat identique de ce même corps. Dirons-nous qu'elles dépendent entièrement pour leur existence et leur exercice de l'arrangement des particules ? Mais nous ne trouvons entre ces facultés et ces particules rien qui puisse avoir le moindre rapport. Nous ne savons pas, et certainement nous ne pouvons pas savoir quels peuvent être les rapports et les liaisons cachés dans une chose aussi profondément obscure. Il serait cependant absurde, et contraire à tous les principes du bon sens, de leur donner un plus grand degré de dépendance que l'expérience ne le prouve; puisque sans son secours nous ne pourrions découvrir aucun de ces rapports. Or, les faits démontrent qu'il n'y a pas une dépendance entière : car, si les facultés de l'esprit étaient absolument soumises au corps, elles changeraient à chaque altération que celui-ci éprouve. Mais on sait que le corps est dans un état permanent de changemens successifs : on a calculé d'après toutes les probabilités les mieux fondées, que dans un espace de peu d'années, il ne restait pas une parti-cule primitive de la composition de la machine humaine : le changement de régime et de nourriture amène in-sensiblement dans toutes les divisions du corps, de nouvelles particules qui

remplacent les anciennes; et la moindre
maladie suffit souvent pour faire
éprouver à notre machine un choc semblable à celui qu'éprouve une partie
du globe après un tremblement de terre.
Cependant nous sommes certains, et
nous sentons même que notre raison
demeure indépendante des révolutions
auxquelles notre corps est sujet; nous
éprouvons que nous sommes les mêmes
êtres que nous étions, il y a vingt,
trente, quarante, soixante ans; et
tel évènement qui nous a frappé pendant que nos organes et nos facultés
étaient encore dans leur printemps,
restera présent à notre mémoire,
jusqu'à l'âge le plus avancé, et nous
fera une impression vive et distincte
toutes les fois que nous nous le rap-
pellerons.

D'ailleurs ne voyons-nous pas souvent que dans ces derniers instants de
la vie, où les muscles endurcis et
contractés par l'âge, sont devenus
incapables de mouvement, que le sang
languit dans les veines, que tous les

organes dépérissent à la fois, et que
toutes les parties de la machine sont
entièrement usées ; ne voyons-nous
pas quelquefois, des étincelles vitales
de la plus grande clarté ? Et certains
vieillards ne nous offrent-ils pas des
exemples d'une mémoire fraîche, d'un
jugement sain, d'une imagination vive,
et enfin de toute la vigueur mentale
de la jeunesse ? Ces expériences ne
suffisent-elles pas pour nous convaincre,
que les facultés de l'ame ne sauraient
être dans une dépendance absolue de
la frêle contexture de notre machine ?
Cependant il est impossible de soutenir
qu'elles en soient entièrement indépendantes.

N'est-ce pas par le moyen du corps,
par le moyen de fibres innombrables
qui partent de la cervelle aux yeux,
aux oreilles, au nez, à la langue et à
chaque partie de notre être, que nous
éprouvons toutes les sensations exté-
rieures, que nous recevons tous les
objets qui servent aux opérations de
notre esprit, et sans lesquels le plus

grand génie, un Voltaire même, lan-
guirait dans l'inaction? Dire pourquoi
les filamens des nerfs qui partent de
la cervelle et viennent se ratacher à
leurs organes respectifs ; dire pourquoi
cette portion de matière, lorsqu'elle
a été combinée dans cette forme particulière, et qu'elle a reçu une impulsion, soit par le simple touché,
soit par le mouvement ; dire pourquoi
notre esprit éprouve une sensation,
voit une image, ou perçoit une con-
ception de ce qui se passe hors de lui,
et sur des choses qui n'ont aucun
rapport avec sa nature ; c'est ce qui
n'est pas à notre pouvoir. Cependant
la nature sage et prévoyante n'a rien
fait d'inutile, et tout cet appareil est
absolument nécessaire ; au point que
si quelque partie se trouve désorga-
nisée, l'individu à qui cela arrive est
privé d'une des sources de son intelligence, et qu'il n'y a pas d'invention
humaine qui puisse la rétablir ni la
suppléer. Sans doute, il y a une différence énorme entre les facultés men-

tales et les organes de la perception;
sans doute ce n'est pas l'œil qui voit,
ce n'est pas l'oreille qui entend , ce
n'est pas la main qui sent; mais c'est
l'individu qui voit , qui entend et qui
sent , par le moyen de ces organes;
et tous le dirigent comme à un point
central vers son intelligence : néanmoins, ce n'est que par eux , qu'il
est affecté, et il est impossible de
comprendre comment il pourrait sans
eux, acquérir aucune perception. Mais
ce ne sont pas seulement nos percep-
tions dont nous sommes redevables à
notre corps ; car dans l'exercice des
facultés mentales; on découvre encore
une liaison étroite et permanente qui
réunit l'ame au corps : et en effet,
l'esprit dont rien ne semble pouvoir
altérer l'énergie , et qui paraît d'abord
entièrement étranger aux organes du
corps , jouit cependant des plaisirs que
celui-ci éprouve, et ressent plus que lui-
même tous les maux qu'il endure : les
opérations de l'intelligence, celles de la
mémoire , celles du jugement , celles de

l'imagination qui semblent n'avoir aucun besoin de l'aide du corps; au moins c'est ainsi qu'on est porté à le croire, tant qu'on jouit de toute sa santé, tant que les deux natures de l'homme se trouvent en harmonie: mais une légère contusion au cerveau, ou un accès de fièvre suffit pour nous convaincre de notre erreur ; nous voyons alors le spectacle le plus triste que l'espèce humaine puisse contempler ; nous voyons notre esprit, le siège de nos plus hautes espérances et la source de notre immortalité, dans une anarchie complette, l'imagination s'égare, la mémoire devient confuse, et la raison, qui est le principe de toutes les idées, se perd entièrement

Nous éprouvons que, de même que le corps cède aux infirmités de l'âge, et que tous les organes de la perception et du mouvement languissent, ainsi les facultés de l'ame diminuent et dépérissent dans la proportion de celles du corps ; une espèce de stupidité s'empare insensiblement des esprits les plus forts ; et l'on voit avec une pitié mêlée d'horreur, la débilité d'une seconde enfance prendre possession de toutes les facultés mentales, et faire succéder à l'énergie et au feu du génie, le froid radotage de la vieillesse. Et tel a rempli le monde du bruit de sa sagesse, qui finit par l'étonner par sa sottise et sa faiblesse.

Les facultés de l'ame ne sont donc pas absolument indépendantes du corps; mais nous avons vu précédemment qu'elles n'en dépendent pas entièrement. Qui pourrait fixer la ligne de démarcation ? Ce serait sans doute un des services les plus importants rendus à la métaphysique. Mais je sens que je suis obligé de laisser cette tâche à ceux qui se croiront plus habiles que moi.

Je ne m'étais proposé que de faire voir, que les matérialistes et ceux qui regardent l'ame comme un être distinct et une substance particulière, n'étaient pas aussi éloignés les uns

des autres qu'on pourrait le croire,
et qu'eux-mêmes en sont persuadés ;
que si d'un côté les uns ont démontré
que les facultés morales se trouvaient
dans la dépendance du corps ; de l'autre,
les derniers ont prouvé qu'aucune com-
binaison possible de matière ne saurait
avoir la propriété de produire des idées,
de former des jugemens, en un mot,
de penser. Si l'on veut outre-passer
ces limites, on ne trouve plus que le
vague ; parce que l'expérience et les
faits nous manquent ; l'homme prudent doit donc s'arrêter et se dire : de
deux opinions qui présentent les mêmes
probabilités, la raison m'engage à
choisir celle qui flatte davantage mon
esprit, et qui peut me servir d'appui
au milieu des traverses de la vie. Ainsi,
je croirai avec toute la saine antiquité,
que je renferme dans cette frêle machine dont l'existence est si précaire,
une ame immortelle.

Le docteur Francklin à une dame de ses amies, en France.

VOUS vous rappelez sans doute, ma digne amie, du jour agréable que nous fûmes passer dans les délicieux jardins de Moulin-Joly, avec une charmante société. Vous vous rappelez peut-être aussi que, l'après dîner, étant tous ensemble à la promenade, je laissai aller la compagnie devant, et m'arrêtai seul dans une allée. On nous y avait fait remarquer un nombre infini de squélettes de petites mouches, d'une espèce éphémère, dont les générations se succèdent d'un jour à l'autre. Ces insectes n'ont que dix heures d'existence. Ils naissent le matin et meurent le soir. J'en apperçus un groupe sur une feuille; ils avaient l'air de causer. Vous n'ignorez pas que j'entends les différents langages des insectes; et c'est peut-être dans la trop grande application que j'ai donnée à cette étude, que

je trouve la meilleure excuse que je
puisse apporter, de n'avoir pas fait
plus de progrès dans votre agréable
langue. J'eus donc la curiosité d'écouter
la conversation de ces petites créatures ;
mais comme elles avaient la vivacité du
pays, et qu'elles parlaient, selon l'usage,
trois ou quatre ensemble, je ne compris
que très-peu de choses à ce qu'elles disaient. Cependant, je distinguai bien
par quelques expressions entre-coupées,
qu'elles disputaient vivement entre elles,
sur le mérite de deux *musiciens* étrangers ; l'un était un *cousin*, et l'autre
un *moustique* ; elles passaient le temps
à discuter ainsi, sans faire attention
à la brièveté de leur vie, et comme si
elles eussent eu un mois à vivre. Heureux
peuple ! me disais-je, il faut certainement que tu sois sous un gouvernement
bien juste, bien sage et bien doux,
puisque tu n'as aucune plainte à en
faire, et qu'aucun sujet de mécontent-
tement ne t'occupe ; tu passes ainsi ta
vie à disputer sur le mérite et les défauts de la musique de tes voisins. En

détournant les yeux d'un autre côté; j'apperçus une vieille éphémère à cheveux blancs, qui se promenait seule sur une autre feuille, s'entretenant avec elle-même. Comme ce monologue me parut curieux, je l'ai transcrit dans l'espérance qu'il pourrait vous intéresser, vous à qui je suis si redevable de m'avoir procuré les momens les plus délicieux, tant par votre conversation aimable, que par vos rares talens en musique : « C'était, disait- » elle, l'opinion de nos philosophes » les plus instruits, que ce monde, » Moulin-Joly, ne pouvait durer plus » de dix-huit heures », et cette opinion me semble bien fondée; car le mouvement apparent de la source du jour, qui donne la vie à toute la nature, a, depuis mon siècle, considérablement décliné vers l'Océan qui borne notre globe. C'est là qu'il finit sa course et éteint ses feux, laissant notre monde dans les ténèbres et un réfroidissement qui doit nécessairement produire l'anéantissement de tous les êtres et

un bouleversement universel. J'ai vécu
pendant sept heures, c'est un grand
âge, puisque ce n'est pas moins de
420 minutes! Combien il en est peu
qui poussent leur carrière aussi loin!
J'ai vu des générations naître, fleurir
et finir dans ce même jour; mes amis
d'à présent sont les enfans et les petits-
enfans des amis de ma jeunesse, qui
ne sont plus, hélas! et je vais bientôt
les suivre; car suivant l'ordre de la
nature, quoique je me porte bien, je
ne puis m'attendre à vivre plus de sept
à huit minutes. A quoi me serviront
mes travaux et les peines que j'ai prises
pour amasser des sucs de fleurs? je ne
vivrai pas assez pour en jouir. A quoi
me serviront les discussions politiques
auxquelles j'ai sacrifié une partie de ma
vie, dans le dessein d'éclairer mes
compatriotes habitans de ce buisson?
Que deviendront mes recherches sur
la philosophie, que j'ai dédiées à notre
espèce en général? (car en politique,
que peuvent les lois sans la morale?)
Mes comtemporains commencent à

se corrompre, et sous peu de minutes, la nation des éphémères sera perdue de mœurs, comme toutes celles des bosquets voisins : conséquemment elles seront aussi malheureuses que les autres. Ah! comme les progrès que nous faisons dans la philosophie sont lents! Hélas! les connaissances sont longues à acquérir, et la vie est courte! Mes amis s'efforcent de me consoler, en me faisant espérer que mon nom restera; ils me disent que j'ai vécu assez dans l'ordre de la nature et pour ma gloire. Mais à quoi sert un nom à une éphémère qui périt? et que deviendront toutes les histoires dans dix-huit heures, quand Moulin-Joly et lemonde entier finiront, quand tout se trouvera enveloppé dans une ruine universelle? Pour moi, de toutes mes occupations sérieuses, il ne me reste aucun plaisir solide, si ce n'est le sentiment d'avoir cherché toute ma vie à faire le bien, le souvenir délicieux d'avoir joui de la conversation d'aimables *Ladis* éphémères, et d'avoir entendu, de temps à autres, les accords divins de madame B....., qui a daigné quelquefois sourire à mes essais.

F I N.

On trouve chez le C^en. BATILLIOT jeune, Libraire, rue Haute-Feuille, n° 34, les Ouvrages suivants, du même Auteur :

Considérations sur les rapports qui lient les hommes en société, ou des Elémens de l'organisation sociale. Traduction de l'anglais, avec un discours préliminaire et des notes, 1 vol. in-8°.   3 fr.

Elémens de Statistique, où l'on démontre d'après un principe entièrement neuf, les ressources de chaque royaume, état et république de l'Europe, suivis d'un état sommaire des principales puissances et colonies de l'Indostan, etc., etc.; 1 vol. in-8°, orné de cartes et tableaux; traduction de l'anglais.   5 fr.

Elémens de Cosmographie, ou Introduction à la Géographie universelle, exposés dans une suite de lettres adressées à un jeune élève; ouvrage orné de sept belles cartes et d'une nouvelle montre géographie, traduit de l'anglais sur la neuvième édition, 1 vol. in-12.   3 fr.

A PARIS, de l'Imprimerie de GLISAU, rue du Foin St.-Jacques, n° 265.